Alec Woods

AF791926

Gottes ungeliebte Schöpfung
Priester nicht ausgeschlossen

Alec Woods

Gottes ungeliebte Schöpfung

Priester nicht ausgeschlossen

Rediroma-Verlag

Bibliografische Information der Deutschen Nationalbibliothek:
Die Deutsche Nationalbibliothek verzeichnet diese Publikation in der Deutschen Nationalbibliografie; detaillierte bibliografische Daten sind im Internet über http://portal.dnb.de abrufbar.

ISBN 978-3-96103-822-0

Umschlagillustration:
271 EAK MOTO (shutterstock.com)

www.rediroma-verlag.de
10,95 Euro (D)

Inhalt

Vorwort

Liebe Leser,

warum habe ich dieses Buch geschrieben? Ich könnte ganz einfach sagen, weil mir danach war, und es dabei belassen. So ist es aber nicht. Ich schreibe nichts, nur weil mir danach ist. Stattdessen gibt es für mich immer auch persönliche Gründe für das Schreiben und letztendlich den Wunsch, andere an meinen Worten, meinen Erlebnissen aus vergangenen Zeiten teilhaben zu lassen.

In erster Linie geht es um Menschen – besonders Kinder –, über die ich schreibe, da sie häufig die ungeliebten Geschöpfe Gottes sind, weil ER seine Augen vor ihnen verschließt. So sieht er nicht, was Kindern, auch in seinem Namen, Böses angetan wird. Nur ein besonderer Menschenschlag, so hat es für mich den Anschein, darf ungestraft Kinder schlagen und missbrauchen. In zu großer Zahl sind es Priester. Geweihte Männer, die sich erdreisten, in Gottes Namen Kinder zu Gottesgeschöpfen machen zu wollen – koste es, was es wolle. Und wenn mal jemand zu Schaden kommt, was soll's. Um an ihr Ziel zu gelangen, wenden diese Männer und auch gottgeweihte Frauen brutalste Gewalt an.

Ich muss einschränken, dass nicht alle Priester Kindern Gewalt antun, um sie gottgehörig zu machen, oder sich an ihnen vergehen, weil sie in ihren Augen liebliche Gottesgeschenke sind. Unter diesen Männern und Frauen gibt es „Erleuchtete", die das Kirchensystem durchschauen, das ihnen viele Jahre des Grauens aufgezeigt und eingetrichtert hat, damit sie all dies an die Geschöpfe Gottes weitergeben. Einige von ihnen treten dann aus der Kirche aus und werden – wie göttlich lieb – von ihrer einst so geliebten

Kirche (fast) vernichtet. Nicht jeder von ihnen überlebt diesen Kirchenterror ohne Schaden. Auf diese Weise werden sie ebenfalls zu ungeliebten Geschöpfen Gottes.

Dass Gott nicht eingreift, um den Gewaltapparat der katholischen Kirche zu zerstören, zeigt nur, dass er mit dem einverstanden ist, was seine Botschafter seit Hunderten von Jahren an Terror und Vernichtung an den Menschen seiner Schöpfung begehen. Vermutlich ließ und lässt er seine Geschöpfe, die aus seiner Sicht (da hat er mal die Augen offen – klar, für Mord und Totschlag immer) nicht gut geraten sind, auch heute noch von seinen ir(r)dischen Lakaien durch Kriege sowie Mord im Einzelnen richten. Wie er das tut, habe ich in diesem Buch zusammengetragen. Ich gebe zu, dass ich bei dem einen oder anderen Satz ein wenig dick aufgetragen und ihn deftig-derb formuliert habe, doch das ist bewusst geschehen.

Die Kirche ist bereit, wenn auch sehr zögerlich, gelegentlich Irrtümer einzuräumen. Wenn es um die abertausend Kirchenopfer geht, deren Leiber die Kirche ihrem vermeintlichen Seelenheil opferte, wird das jedoch weiter als Flüchtigkeitsfehler oder Versehen abgetan. Nein, so einfach darf es ihnen nicht gemacht werden, sich von ihren Taten des Bösen reinzuwaschen. Ihre Verderbtheit ist zu groß, als dass man ihnen vergeben könnte. Schon gar nicht, wenn sie versuchen, mit spitzfindigen Worten zu erklären, dass es Flüchtigkeitsfehler und Versehen waren, die den Menschen Leid und Tod brachten. Damit muss endlich Schluss sein – für immer. Das geht aber nur, wenn man der Kirche die Macht entzieht. Am besten, indem man aus ihr austritt oder in diese nie eintritt. Das beginnt schon damit, dass Eltern ihre Kinder nicht taufen lassen.

Gerne hätte ich in diesem Buch auch die Namen derer genannt, die sich auf zahlreichen Medienplattformen extrem ätzend über Menschen auslassen und ausgelassen haben, die nicht so sind wie sie selbst oder wie sie sich die Geschöpfe Gottes vorstellen. Unter all das, was sie an Gehässigem über Minderheiten frei Schnauze schreiben, setzen sie auch noch ganz großspurig ihren Namen. Sie würden jeden Einzelnen, der ihnen nicht ins göttliche Konzept passt, mit Namen benennen, um sie dem Kirchenmob auszusetzen, damit dieser dann mit ihnen eine Hetzjagd veranstalten kann. Doch die Vielzahl derer, die nicht in ihr katholisches Weltbild passen, ist zu groß, um jeden Einzelnen in der Öffentlichkeit namentlich zu benennen. So begnügen sie sich damit, diese Menschen in Bausch und Bogen in der Öffentlichkeit zu erniedrigen. Wenn sich aber jemand über diese Drecksschreiber negativ äußert, ihre Namen nennt und sie somit an den Pranger stellt, muss er damit rechnen, wenig später eine Klage wegen Persönlichkeitsrechtsverletzung im Postfach vorzufinden. Keiner der heidnischen Maden, Häretiker und Atheisten darf Majestäten des kirchlichen Vakuums beschmutzen und dabei auch noch straffrei davonkommen – so ihr Racheschwur für diesen Frevel. Die Gekränkten des katholischen Glaubens gehen mit brutaler, auch kirchlicher Rechtsgewalt gegen jeden vor, der ihnen ans Bein pinkelt – was aus meiner Sicht gesehen auch mal geschehen sollte. Das Persönlichkeitsrecht schützt die Menschen, die unverhohlen arrogant auf Minderheiten herabschauen und sich auch noch über sie in der Öffentlichkeit lustig machen. Sie bezeichnen Transgender, Schwule, Lesben und Bisexuelle als Geburten des Teufels. Doch selbst verhalten sie sich wie die Ausgeburt der Hölle, die weder Gott noch den Teufel fürchtet. Ich erinnere auch an die Schändungen und die vielen Schläge, die Kindern und Jugendlichen angetan wurden und ganz sicher noch angetan werden. Diese jungen Menschen haben gewiss nicht darum gebeten, dass man sie prügelt und schändet. Und was machen die scheinheiligen Gottesanbeter beim erzwungenen Akt mit dem Kind? Sie jagen im Moment des Vergehens ihre (angebliche) Würde zum Teufel. Und was ist mit ihrem ach so reinen Gewissen? Vergiss es! „Hauptsache, ich hatte mein Vergnügen“, ist vermutlich das, was sie sagen, weil es sie nicht juckt, dass andere unter ihrem Tun leiden mussten und müssen. Motto: „Wer Spaß hat, der leidet nicht. Und es ist immer schöner, Spaß zu haben – auf Kosten anderer.“

Ganz schlimm ist es für die Schwächsten, die Geschändeten und Geprügelten, wenn die kirchlichen Verbrecher sie in der Öffentlichkeit als Irre bezeichnen, weil sich die Opfer endlich trauen, den oder die Schänder und Schläger zu verklagen. Das hasserfüllte Credo der Genannten, der entdeckten Verbrecher mit wutverzerrter Fratze, über denen das Damoklesschwert nur in dem Fall an einem seidenen Faden hängt, dass ihnen der Prozess gemacht wird, lautet dann: „Keiner der Geschändeten und der Geprügelten soll und darf sich erdreisten, kirchliche Täter namentlich, und die Grausamkeiten, die sie begangen haben, im Detail an die Öffentlichkeit zu bringen, denn dann gnade dir Gott!“ Und wie man weiß, kennt der Gott der Christen keine Gnade. Schon gar nicht bei denen, die seine Vertreter an den Pranger stellen, damit man sie richtet. Umbringen darf man ja niemanden. Es sei denn, man ist Christ? Und kaum zu glauben: Reichtum und (kirchliche) Macht bieten keinen Schutz vor Gefahren (Strafen), auch nicht bei kirchlichen Mitarbeitern, die Schändung an Leib und Seele begangen haben und es auch weiterhin tun werden.

Der Rechtsprechung sei es gedankt, dass man niemanden in einem Buch namentlich erwähnen darf, selbst wenn derjenige bei anderen einen tief sitzenden Schaden verursacht hat. „Pfui Deife (Teufel)!“, kann ich da nur sagen. Was ist mit der Würde und der Unversehrtheit des Menschen, über die Kirchenmänner und Kirchenangehörige so offen und verletzend in den Medien in Bezug auf Kirchenungeliebte und kirchliche Opfer herziehen? Die bleiben auf der Strecke. Das Recht der Klage der Geschundenen gegenüber dem Vergewaltiger und Kirchenschläger mag es geben, doch das interessiert die Täter des katholischen Glaubens nicht. Und was mache ich? Ich musste mich in diesem Buch mit meinen Worten schon sehr zurückhalten, was ich gerne vermieden hätte. Doch um mich und meinen Verleger vor einer Klage zu schützen, musste ich in den von Gesetzes wegen sehr sauren Apfel beißen und habe meinen Ärger in weichgespülter Form niedergeschrieben. Und wer hat in diesem Fall gewonnen? Die Prediger der katholischen Kirche und deren bigotte Anhänger, die ich nicht namentlich angreifen darf. Wie ich es hasse, dass die Macht der schandhaften Täter aufgrund des Persönlichkeitsrechts noch verstärkt wird und sie geschützt sind, und dass dadurch die Opfer auch weiterhin Opfer bleiben. Der Schmerz, der diesen Kirchenopfern angetan wurde, und die Erinnerung daran werden für immer bestehen bleiben. Danke, lieber Staat! Warum nur schützt du meist die Menschen, die sich über ihre Opfer und Minderheiten in der Gesellschaft boshaft und ehrverletzend äußern? Wo ist der gezeigte Schutz gegenüber den kirchlichen Opfern? Darauf werde ich vermutlich keine Antwort erhalten. Und warum?

Gibt es darauf keine Antwort? Müssen die Staatsvertreter erst die Kirchenfürsten fragen, was und wie sie antworten dürfen, wenn man kritische Fragen stellt und ehrliche Antworten darauf erhofft? Wahrscheinlich ja.

Bezug nehmend auf die vielen unterschiedlichen Themen in diesem Buch verweise ich mit Freude auch auf das Internet. Dort werden Sie noch vieles an Schlechtigkeiten der katholischen Kirche zu lesen finden. Es kann sein, dass es Ihnen den Atem verschlägt.

Nach dieser langen und sehr emotionalen Einleitung wünsche ich mir, dass mein kleines, nicht auf Wissenschaft basierendes Werk dem Leser einen tiefen und nachdenklichen Einblick in das katholische Kirchenkonstrukt ermöglicht und er/sie erkennt, was den Gottesgeschöpfen durch die angebliche Liebe Gottes widerfahren ist und vermutlich auch in Zukunft widerfahren wird. Denn solange es den Gottesglauben gibt, gibt es ungeliebte Geschöpfe – die diesen Gott nicht (mehr) haben wollen.

Herzliche Grüße
Alec Woods

Was die Menschen dieser Welt nicht wissen dürfen

Wahrheiten werden allerorts verdreht oder verheimlicht. Im Gegenzug werden wir mit allerlei Banalitäten regelrecht überhäuft und darunter fast begraben. Was für eine verdrehte Welt ist das nur, in der ich mich befinde? Jemand, der nach der Wahrheit sucht, kann sich vertrauensvoll an die Religionsvertreter der Kirche wenden. Hier wird er schon nicht belogen, denkt er. Doch weit gefehlt. Nirgendwo auf der Welt wird mehr gelogen und betrogen als im Bereich der Religionen, in meinem Fall der katholischen Kirche.

Wem es gelingt, einen Blick hinter die Kulissen zu werfen, der kann sich des Eindruckes nicht erwehren – was mich betrifft, bin ich mir dessen sogar absolut sicher –, dass es gerade die Religionen sind, die die Menschheit dumm und unwissend halten … wollen. Und diese Aussage ist noch sehr milde formuliert. Da stellt sich mir die Frage: Warum nur? Sie gehen ja auch nicht gerade zimperlich mit den Menschen um, selbst mit denen nicht, die sie anhimmeln – nicht nur die göttliche Trinität und ihre Subheiligen. Weshalb glauben dennoch so viele Menschen, dass sie die Religionen brauchen? Am Schluss dieses Buches kann sich jeder (s)eine Antwort auf diese Frage selbst geben.

Menschen – die Krönung der Schöpfung

Wir Menschen sind die Krönung Gottes. Wir sind nach seinem Ebenbild geschaffen, heißt es. Wir sind einzigartig, heißt es immer wieder. Na, wenn uns da mal keiner einen Bären aufgebunden hat. Aus meiner Sicht sind wir alles andere als die „Krönung" Gottes, was immer das heißen mag. Ich zähle mich ganz gewiss nicht zu einer Krönungsschöpfung. Bei all dem, was ich an mir feststelle, haben Gott und seine Mitherrscher während meiner Schaffung schon sehr geschludert. Ich habe in meinem jetzigen Alter oft Kreuzschmerzen, die Knie tun mir weh, die Haare werden grau und machen sich sichtlich vom Acker, und wer weiß, wie lange ich noch meine eigenen Beißer habe. Was den Verstand betrifft, nun, der passt noch – einigermaßen. Aber wie lange noch? Von weiteren Beschwerden nehme ich jetzt mal Abstand. Und wenn ich mich so umsehe, dann bin ich nicht der einzige Betroffene, bei dem nicht auch geschludert wurde. Diesbezüglich bilden die Pfaffen keine Ausnahme, wenn auch viele von ihnen meinen, sie seien, im Ganzen gesehen, unfehlbar in ihrer Schöpfung und strahlen die göttliche, die himmlische Schönheit aus. Was auch immer das sein mag.

Ich glaube eher, dass sich die göttliche Trinität einen Spaß mit ihrer Schöpfung, dem Menschen, erlaubt hat. Schließlich wollen auch Götter, die Mist gebaut haben, was zum Lachen haben, statt sich über ihr Missgeschick zu ärgern. Und da es nun mal mittlerweile Milliarden von Menschen sind, wird einfach behauptet, wir seien das Einzigartigste, was es auf der Erde gibt. Ebendies wird immer wieder für bare Münze gehalten, wenn auch – suppi! – nicht von allen Menschen. Da aber Gott und seine Mitgötter uns das nicht sagen, verkündeten sie es ihren irdischen Vertretern in Machtgewändern und Narrenkappen, die diesen Quatsch, wir seien die Krönung der himmlischen Schöpfung, an die Milliarden von Krönungen weitergeben, bis diese selbst glauben, dass es so ist.

Na ja, früher glaubte man auch, dass die Erde eine Scheibe sei und dass man, wenn man nicht aufpasste, in das ewige Nichts falle. Erzählt man einem Gläubigen lange genug, dass er ein Affe sei, dann glaubt er auch das irgendwann. Und wenn man ihm eine Banane gibt, dann klettert er auch gleich noch auf dem Baum. Es kann aber auch ein Schwein sein, das als die göttlichste Schöpfung gilt. Man muss es nur lange genug behaupten. Für viele ist ein Stück Schwein auf dem Teller bereits das Göttlichste, was es gibt. Oder will jemand ein Stück menschliches Krönungsfleisch auf seinem Teller haben? Die katholische Kirche schon, denn die verwandelt ein Stück Brot in ein Stück Fleisch und verführt ihre Mitbrüder und Betschwestern dazu, davon zu kosten. Und ein biss(ch)en kann man ja mal davon essen, um zu schmecken, ob der Mensch die (fleischliche) Krönung Gottes ist.

So hat Gott, der die himmlische Krönung darstellt, in Zusammenarbeit mit seinem Menschensohn Jesus den Menschen auf Erden einen Bären aufgebunden, der sich seit etwas mehr als 2000 Jahren wie ein Mühlstein auf dem Buckel anfühlt. Doch damit nicht genug, er setzte den Menschen auch noch einen juckenden Floh ins Ohr, der eigentlich der Heilige Geist ist, und der ist bekanntlich sehr wandelbar und universell einsetzbar. Und die riesige Schafherde Gottes erfreut sich an dem Krönungsakt, der aufzeigt, dass der Mensch, der all diesen Unsinn glaubt, doch nur ein Narr ist – zur Freude der Himmelsherrscher.

Kinder

Priesterkinder – Verleugnung

Es gibt Kinder, die es gar nicht geben darf. Und zwar solche, die einen Priester als Vater haben. Viele von ihnen werden erst gar nicht geboren, sondern während der Schwangerschaft abgetrieben. Manche Priester drohen gar mit Selbstmord, falls die Frau, mit der sie intim waren, ihr Kind austragen möchte. Was diese Priester aber weiterhin wollen – am liebsten täglich –, ist Sex mit den Müttern ihrer (ungeborenen) Kinder. Und wenn diese „Unfälle" schließlich doch zur Welt kommen, werden sie geleugnet oder versteckt. Für den heimlichen Nachwuchs des katholischen Geistlichen ist damit oft die Hölle auf Erden vorprogrammiert.

Einige Tausend Priesterkinder gibt es nach Angaben von Betroffeneninitiativen in Deutschland. An die 9000 der katholischen Geistlichen sollen – so die Schätzungen, aber nicht meine – sexuelle Beziehungen unterhalten. Jeder Dritte von ihnen soll ein Kind gezeugt haben. Das bedeutet, dass es Tausende verdrängte und verheimlichte Schicksale gibt. Und das nur in der Bundesrepublik Deutschland. Vielerorts werden diese Kinder behandelt, als wären sie etwas, was es aus kirchlicher Sicht gar nicht geben darf. Und wie nannte bzw. nennt man diese „Schande"? Unerwünschte Bastarde. Na ja, wenn das so weitergeht mit dem Priester(aus)sterben, dann wird es in Zukunft auch weniger verleugnete Priesterkinder und somit ungeliebte Geschöpfe (Bastarde) Gottes geben. Das Einzige, was die (meisten) Priesterväter plagt, sind nicht etwa Schuldgefühle gegenüber dem verleugneten Sohn oder der Tochter, sondern jene gegenüber ihrem Gott. Dem gegenüber kann man sich ja heuchlerisch geben. Der gibt ja keinen Kommentar dazu ab. Dem ist es egal, wer ihm Kinder zeugt. Die eigenen Kinder sind es, denen sie ihr Herz und ihre Liebe geben sollten, und nicht einem … Irgendwas.

In vielen Gemeinden ist es bekannt, dass die Priester Kinder haben. Die Priester wiederum wissen, dass man ihr Geheimnis in der Gemeinde kennt. Zumindest wird in der Gemeinde darüber geredet und gemutmaßt, dass ihr lieber Herr Pfarrer – es darf auch mal ein Bischof sein – ein oder mehrere uneheliche Kinder hat. Wenn man diese „Vergnügungssüchtigen" dann einer Kindschaft überführt hat, leugnen sie es vehement ab. Wie es der Mutter und dem Kind geht, interessiert sie nicht. Sie denken nur an sich und das „Trauma", das sie nach der „Entdeckung" des herumtobenden Techtelmechtels erleben. Dass das Kind irgendwann wütend auf den Kirchenpapi ist, versteht dieser nicht. Auch nicht, dass es auf die Kirche wütend ist, für die er täglich arbeitet und lügt, auch das eigene Kind betreffend. Er betreibt mit seinem Kind, seinen Kindern ein ständiges Versteckspiel, damit nicht bekannt wird, dass er der Vater ist. Wird das Kind auf seinen Vater und dessen Beruf angesprochen, erfindet es Geschichten, die von der Wahrheit ablenken sollen. Irgendwann ist es so gut darin, dass niemand die Lüge bemerkt, dass alles – zwangsweise – erstunken und erlogen ist. Vermag sich jemand vorzustellen, wie anstrengend das für ein Priesterkind sein muss?

Und was ist der Vater für das Kind? Meist nur ein Besucher, bestenfalls der Onkel. Für andere spielen die Priester den fürsorglichen Vater, für das eigene Kind aber nicht.

Und der Traum eines Vaters, der mit dem Kind herumtobt, Fußball spielt, schwimmen geht und am Strand eine Sandburg baut, mit ihm und der Familie im Garten grillt und im Winter Schlitten fährt, eine Schneeballschlacht macht und viele andere tolle Dinge, erfüllt sich für das Priesterkind nicht – eben weil es keinen Papa hat. Und was sagt der Priesterpapa zu seinem Kind? „Sei froh, du hast einen eigenen Beichtvater – den hat auch nicht jeder."

Wenn einem Jungen der Vater fehlt

Der Vater ist ein wichtiges Vorbild in der Entwicklung des Sohnes. Fehlt diese Möglichkeit, kann es zu Problemen mit dem Selbstbild und zu mangelndem Selbstvertrauen kommen. Wächst ein Junge ohne Vater auf, dann wird seine Männlichkeit zu einer unbekannte Welt. Der Junge lernt nicht, was es heißt, ein Mann zu sein. Ebenso wenig lernt er, gerade die männlichen Eigenschaften an sich zu schätzen, da der Vergleich und auch die Bestätigung durch den Vater fehlen. Die Folge davon kann ein mangelndes Selbstwertgefühl, ebenso wie gesteigerte Aufsässigkeit und Wut sein. Und warum? Weil die männliche Autoritätsperson fehlt. Jemand, an dem sich das Kind messen, aber auch mal austoben kann.

Spätestens in der Pubertät stellt sich ein Junge die Frage, was Männlichkeit ausmacht. Hier sollte der Vater als Vorbild für das Selbstverständnis eines Mannes stehen. Heranwachsende Jungen, die Probleme mit der eigenen Männlichkeit haben, leiden häufig unter mangelndem Selbstbewusstsein. Und dann wird es für sie schwierig, einem Mädchen auf Augenhöhe zu begegnen. Dies macht es ihnen schwer, Kontakte zum anderen Geschlecht zu knüpfen und die erste echte Freundin zu finden.

Wenn einem Mädchen der Vater fehlt

Welchen Stellenwert hat ein Vater für seine Tochter? Einen sehr großen. Schnell wird klar, dass sein Fehlen extrem negative Auswirkungen haben kann, oft sogar auch hat. Ein Vater gibt der Tochter für gewöhnlich einen starken Rückhalt. Er lebt mit ihr ihre körperlichen Aspekte aus, in dem er oft mit ihr herumtobt. Er ist der starke Helfer der ihr während der vielen emotionalen Kämpfe in ihrer Pubertät zur Seite steht. Er zeigt ihr auch wie sie Gefühle regulieren und kontrollieren kann.

Für kleine Kinder ist die Welt einfach: Wer da ist, liebt mich; wer nicht da ist, liebt mich nicht. Was aber ist, wenn der Papa für die Tochter nur ein Wochenendvater ist? Wächst ein Mädchen fast oder gar nicht mit dem Vater auf, dann lebt es in dem Glauben, dass er es nicht liebt. Für das Mädchen steht dann fest: „Der Papa mag mich nicht!“ An alle Väter, die auf den Kontakt mit ihren Töchtern verzichten, kann ich nur appellieren: Gebt ihnen den Vater, den sie brauchen, um zu einem guten und emotional reifen Menschen heranwachsen zu können. Verbringt viel Zeit mit euren Töchtern und euren Söhnen. Zeigt ihnen eure Welt, die auch ihre Welt sein soll. Zu den klerikalen Vätern sage ich: Zeigen Sie Ihrem Kind nicht Ihre Welt, denn die hat mit der Realität nichts zu tun. Ständige Besuche im sündenbeladenen Beichtstuhl und jeden Tag zum Gebet in die Kirche zu gehen, ist ganz sicher nicht das, was die Welt eines Kindes ausmachen sollte. Das ständige Herunterbeten von Psalmen und ein strenges Levitenlesen bei kleinen Vergehen ist ebenfalls nicht das, was sich ein Kind wünscht. Auch als Priester ist ein Vater doch ein Mensch, und ein Kind sieht in seinem Vater, ebenso wie in seiner Mutter, die Menschen, die es lieben und von denen es geliebt werden will, egal was kommen mag.

Bei Priestervätern frage ich mich, was sie ihren Kindern an deren Geburtstagen und an Festtagen schenken. Der Tochter zum Geburtstag einen Rosenkranz, den sie sich als Schmuck um den Hals hängen kann? Oder einen Gürtel, einen besonders geheiligten – einen Keuschheitsgürtel? Und wenn schon die Tochter einen Gürtel bekommt, dann soll auch der Sohn einen erhalten. Er bekommt (k)einen echten männlichen Gürtel, er bekommt einen, den er unter der Hose tragen kann – einen Büßergürtel. Ein weiteres Geschenk kann auch ein in hochwertiges Kunstleder gebundener Bestseller mit dem Titel „Die Bibel“ sein. Wenn der klerikale Kindererzeuger zwei Kinder hat, dann kann er zwei Bücher verschenken. Das ältere Kind bekommt das Alte Testament, das jüngere das Neue Testament. Geistesgut tut immer gut, ob bei Kirchenangehörigen erwünscht oder gegen ihren Willen. Und das Beste, mit dem der Priesterpapa zu Besuch kommt, ist das Papamobil. Mit einem solchen Fahrzeug kann keiner der Väter der Klassenkameraden und Freunde aufwarten.

„Opus Diaboli“

1970 wurde allen Geistlichen des Bistums vom katholischen Aktionskreis München ein Memorandum gesendet, in dem es um „geheime eheähnliche Verhältnisse“ und die erzwungene „Unwahrhaftigkeit“ des katholischen Priesters geht. Siehe auch: Karlheinz Deschner, „Opus Diaboli“, Seite 94 ff.

Man meint damit, dass die Geistlichen ein erzwungenes Leben führen mussten, weil ihre Herren, die Päpste, das Eheleben verbaten und stattdessen Bordelle einrichteten. Ein vergnügliches Miteinander für die notgeilen Priester, doch frei von Ehe. Priesterfrauen waren nicht mehr gern gesehen in einer herrschaftlichen Zunft von Männern. So wurden sie nach und nach aus dem Leben der Kirchenmänner vertrieben. „Vertrieben" bedeutete für die Frauen oft, dass man sie rechtlos machte, hinwegpeitschte, versklavte und an ihnen noch andere Grausamkeiten beging. Von den Priesterkindern mal ganz zu schweigen. Bestenfalls durften – mussten – die Frauen noch herhalten, wenn einem Manne danach war, Spaß mit und an einer Frau zu haben. Ansonsten … hau ab. Und so lebten dann die Männer ehelos in den Klöstern, in ihren Pfarreien, im Vatikan, im Hofstaat der Herrlichen, der Purpurträger und des Vertreters Gottes in erzwungener Unwahrhaftigkeit.

Kirchenlehrer Hieronymus sagt, dass *„Vermählte ‚nach Art des Viehes' leben und sich im Beischlaf in nichts von den Schweinen unterscheiden"*. Und die katholische Kirche mag keine Schweine in ihren Reihen, wenn auch sie oft – und das in Massen – Schweine in ihren Reihen haben. Prunkvolle Gewänder und herrschaftliches Gehabe sollen da von den Triebhaften ablenken. In ihren Bordellen, in ihren Zuchthäusern werden die Unverheirateten schon auf ihre Kosten kommen.

Um ehelichen Sex einzuschränken, empfahl man als sittliches Vorbild das Kamel, das nur einmal jährlich, und besonders das Elefantenweibchen, das nur alle drei Jahre kopulierte. Laut Luther und der Kirche war ehelicher lustvoller Umgang (Stelldichein, leg dich hin für ein Tête-à-Tête) verboten, nicht erlaubt. Zweck einer Ehe soll sein,

Nachwuchs zu zeugen. Ob sich das Weib zu Tode trage, wie Luther ganz lapidar und offenherzig schrieb, schade nicht. *„Lass sie nur tot tragen, sie* (die Frauen) *sind darum da."*

Und so sollten Vermählte, wie beispielsweise Maria und Josef, ohne Sex leben. Der Kirche wäre es eine Freude, wenn Vermählte wie Maria, die Mutter Jesu, Kinder bekämen. Geboren durch einen himmlischen Akt mit einem Engelchen.

Nun ja, viele dieser Stecher haben sich gerne in diesen „unwahrhaften, erzwungenen" Zustand begeben … müssen. Kostenfrei, versteht sich. Finanziert aus der Staatskasse, nicht der Kirchenkasse.

Die wenigen Priester und Patres, die gerne heiraten wollen, müssen dann ab dem Moment, in dem sie mit Gott verheiratet werden, in einer erzwungenen Unwahrhaftigkeit leben oder aus der Kirchengemeinschaft austreten.

Und jetzt ein paar Kopfschüttler

Falls man nicht keusch sei, solle man gefälligst vorsichtig sein, wenn man es mit allem und jedem treibt. Ja, so habe ich es gelesen. Und nun lasse ich den Leser an dieser Aussage, dieser Freisprechung, teilhaben, damit er/sie sich seinen/ihren Gedanken dazu hingeben kann.

Papst Alexander II., ebenso wie Papst Lucius III. und viele andere, unterschied streng zwischen einer heimlichen und einer unangenehmen, bekannt gewordenen … Sünde.

Der Kardinal und Kirchenlehrer Damiani fand die geheime Unzucht der Geistlichen gerade noch erträglich. Was er jedoch als unerträglich empfand, waren die schwangeren Leiber und die schreienden Kinder, die die sündigen Glieder der Kirche zeugten. Als wenn das nicht reichen würde, setzte der Kardinal dem Ganzen noch die Krone auf. Er sagte: „*Was geheim geschieht, ist nicht geschehen; nur was schreit, ist eine Sünde.*“ Welch ein Spott und Hohn! Für mich ist das der echte katholische Geist. Das ist das geschaffene Übel einer Religion, die die Menschen verachtet – auch in den eigenen Reihen.

Ein weiterer Menschenfreund wies den Klerus an: „*Man achte darauf, dass es heimlich geschehe.*“ Hat sich daran etwas geändert? Nein, das hat es nicht. Es wird auch weiterhin missbraucht und geschwängert, wo immer es unheimlich heimlich geht. Gnade dir Gott, wenn du erwischt wirst und es öffentlich wird, denn dann hat dich der Teufel geholt. Und das ist dein oberster Macker, der mit der Tiara auf seinem Dickschädel, der dich dann aus den Klauen der Justiz befreit und dich zu deiner weiteren Freude an eine neue Wirkungsstätte verfrachtet. Gelobt sei Jesus Christus und der immer süße, immer liebende Nachwuchs.

Und was sind Menschen, die als Mädchen geboren wurden?

Thomas von Aquin sagt dazu: „*Dass überhaupt, leider Gottes, Mädchen geboren werden, liegt an einem miserablen männlichen Samen, einem defekten Gebärmutterblut, oder es gehen die ‚feuchten Südwinde‘ und verursachen mit dem vielen Regen Kinder von größerem Wassergehalt, nämlich Mädchen.*“

Was bringt die katholische Kirche den Menschen in der Zukunft? In fünfzig, in hundert oder gar tausend Jahren? Nun, mich braucht das nicht mehr zu interessieren, zumindest nicht mehr lange. Doch die Menschen, die nach mir kommen. Wenn es die katholische Kirche dann noch immer gibt, bringt sie ganz sicher nicht das mit, was sie Schönes verspricht, sondern das, worüber sie bereits heute nicht spricht. Und wer die dunkle Seite des katholischen Glaubens kennt, der weiß, worüber sie nicht gerne spricht und von dem sie sich wünscht, dass man darüber Stillschweigen bewahrt.

Mit allen unmenschlichen Mitteln versucht sie, die Wissenden, die Erkennenden, die Kundgebenden mundtot zu machen, koste es, was es wolle. Und ich meine wirklich mit allen Mitteln! Vor nichts schreckt sie zurück, nicht einmal vor Heuchelei, wenn jemand dabei über den Jordan geht. Die Menschen in der Zukunft, so mein Wunsch, werden diese Religion verabscheuen, nicht nur für ihr protziges Auftreten. Hass wird über die katholische Kirche hereinbrechen wie ein scharfes Schwert, das der Schlange den Kopf abschlägt. Und kein kirchlicher Gschwoischädl wird dann nachwachsen. Das, was sie den Menschen über zweitausend Jahre an Leid angetan hat, wird über sie selbst kommen. Millionenfach, nein, milliardenfach hat sie den Menschen das Bösartigste, was man sich, wenn überhaupt, nur schwer vorstellen kann, angetan. Einschlägige Literatur von Deschner, Mynarek, Herrmann und vielen anderen gibt es genug. Ganz sicher auch noch in tausend Jahren. Schön wäre es, jetzt schon zu wissen, wann das Ende dieser Heilsverkünder des Grauens kommen wird. Ende aus, Deckel drauf. Auf einem guten Weg sind sie ja bereits. Sie schaufeln sich ihr eigenes unheiliges Grab. Und hier sage ich mal wieder: Gott sei Dank!

Und so wird man dann hoffentlich nur noch fragen: Was war das denn für eine Sekte des Bösen? Doch bitte grabt sie nicht wieder aus, so wie es Päpste mit verstorbenen Päpsten taten, selbst wenn diese noch so verwest waren, um sie im Petersdom auf den Päpstlichen Stuhl zu setzen, ihnen heilige Gewänder anzulegen und schließlich über sie zu richten und sie nachträglich für ihre Schandtaten zu verurteilen. Die drei knochigen, doch „heiligen Finger", auch Schwurfinger genannt, mit denen sie segneten, wurden ihnen auch noch abgeschlagen. Hier waren die „Schlächter im Papstgewand" nicht besser als die, die sie nachträglich verurteilten. Danach wurde er, der Ausgegrabene, der Verurteilte, nicht wieder in sein Loch geschmissen. Nein, man warf ihn in den Tiber oder sonst wo hin. Was mir auch egal ist – Hauptsache weg. Was nachkam, im weißen Unschuldsgewand, war (meist) nicht besser. Das Grauen ersetzte nur das Böse.

Vatikan hat niedrigstes Schutzalter

Und schon wieder haben wir es mit einer Kuriosität der katholischen Kirche zu tun. Mit einer, die man nicht beklatschen kann. Wer von meinen Lesern weiß, dass der Vatikanstaat in Europa das niedrigste Schutzalter für Kinder hat? Hat er das noch immer? Es liegt bei 12 Jahren, und diese Zahl habe ich im Internet gefunden. In Deutschland dagegen bei 14 und in der Schweiz bei 16 Jahren. Als „Schutzalter" bezeichnet man die Altersgrenze für Kinder, ab der Erwachsene und Jugendliche unter Umständen sexuelle Beziehungen mit ihnen eingehen dürfen. Die Todesstrafe wurde abgeschafft, aber das Schutzalter blieb bestehen. Besonders das nicht nachzuvollziehende Mindestalter im Vatikan. Juristen gehen davon aus, dass die katholische Kirche das Schutzalter bewusst niedrig gewählt hat. Was soll man dazu noch sagen!?

Heißt das, dass man im Vatikanstaat erlaubt – unter gesetzlichem Vorbehalt, – Sex mit 12-jährigen und älteren Kindern, wobei ihnen wohl Sex mit Knäblein am liebsten ist, haben darf? Ganz geschickt sagen sie, die Sexfreudigen, dass sie es dürfen, die, die im Vatikanstaat leben, dass sie jedoch niemals Hand an niedliche kleine … Bubenspritzen legen, um spritzige Freuden mit dem Knaben zu haben. Können sie den Verlockungen des Spieles mit dem Kinde sich wirklich verkneifen? Und wenn der Herr ihnen göttliche Spielsachen mitten in und auf den Schoß legt, greifen dann doch auch Alt und Jung der geweihten Predigergilde freudig zu? Vermutlich ja, denn nicht alle sind vor großer Sündenbegehung gefeit. Da spielt es keine Rolle wo man diese Sünde begeht. Mit Kindern zu spielen, macht den Herren immer noch Spaß, denn schließlich bewahrt man sich seinen Spieltrieb bis ins hohe Alter. Auch wenn ihnen dann beim forschen Spiel vor Freude und Aufregung das Herz (mal) stehen bleibt. Und wer will nicht gern bei Spiel, Spaß und Freude abnibbeln? Am schönsten wäre es gleich nach dem Höhepunkt des Spieles.

Vermutlich hält die katholische Kirche das Schutzalter bewusst niedrig. Hoffentlich lässt sich das auch mal beweisen.

Die Liebe zu Minderjährigen

Der Priester und der Mesnerknabe

Hierbei handelt es sich um eine verkürzte Geschichte, zu der ich keinen Kommentar abgeben will und auch nicht kann, denn sie beinhaltet vieles, was ich nicht verurteilen möchte. Doch jeder Leser wird seine Gedanken dazu haben und vielleicht hin und her gerissen sein.

„Vater, gib mir deinen Segen, denn ich habe gesündigt." Der Priester fuhr zusammen. Plötzlich wandte sich ihm das Gesicht zu, und große, blaue, feuchte Augen blickten zu ihm auf; er sah das kleine ovale Gesicht erröten vor Scham über die einfachen, kindlichen Sünden, die er berichtete. Da durchzuckte ihn das Gefühl, dass wenigstens hier etwas in der Welt war, das schön und wirklich echt war. Als er am nächsten Morgen vor dem Altar zelebrierte und sich umwandte, um das Credo zu sprechen, betrachtete er den kleinen Ministranten, dessen Haupt so fromm geneigt war. Er beugte sich tief herab, bis sein Kopf leicht den goldenen Heiligenschein berührte, der das Gesicht des kleinen Knaben umrahmte, und er fühlte es in seinen Adern pochen und brennen wie eine neue, wundervolle Anziehungskraft. Wenn das Wunderbarste in der Welt – vollkommener Seeleneinklang – einen Menschen plötzlich erfasst, so fühlt er Himmel und Hölle; aber wenn der Mann ein Asket, ein Priester ist, dessen Herz an das Überirdische hingegeben ist, so geschähe ihm besser, er wäre nie geboren. Als sie in die Sakristei kamen und der Knabe andächtig vor ihm stand, um das Messgewand entgegenzunehmen, kam dem Priester die Erleuchtung, dass von nun an seine ganze re-

ligiöse Hingabe, die ekstatische Inbrunst seiner Gebete verbunden sein – nein, inspiriert sein würden durch ein einziges Objekt. Er legte seine Hand auf das lockige Haupt des Knaben mit derselben Andacht und Demut, mit welcher er die heiligen Sakramente berührte, bog das schmale, blasse Gesicht zu sich und küsste ihn zart auf die glatte weiße Stirne.

Als der Knabe die Liebkosung der Hand fühlte, verschwamm einen Augenblick alles vor seinen Augen, aber als er die leichte Berührung der Lippen fühlte, überkam ihn eine wundervolle Gewissheit: Er begriff. Er erhob seine kleinen Arme, schlang seine schmalen weißen Hände um des Priesters Nacken und küsste ihn auf die Lippen. Mit einem leisen Schrei stürzte der Priester auf die Knie, presste die kleine, in Scharlachrot und weiße Spitzen gekleidete Gestalt an sein Herz und bedeckte das hold errötende Gesicht mit brennenden Küssen. Plötzlich erschraken beide, sie trennten sich hastig.

„O Gott! Hilf mir! Erbarme dich! Soll all meine Mühe und Plage umsonst gewesen sein? Soll ich mich wieder selbst verlieren? Hilf mir! Hilf mir, o Gott!" Gerade während er betete, gerade während er seine Hände flehentlich zu den Füßen des Kruzifixes rang, vor welchem er seine härtesten Kämpfe durchgemacht hatte – gerade während die Tränen bitterster Zerknirschung und Selbstanklage seine Augen verdunkelten –, klopfte es leise an das Fenster neben ihm. Er erhob sich und zog erstaunt den dichten Vorhang zur Seite. Auf dem mondbeschienenen Platz vor seinem Fenster, barfuß, nur mit einem weißen langen Nachthemd bekleidet, stand sein kleiner Ministrant, das Kind, welches seine ganze Zukunft in seinen zarten Kinderhänden hielt.

„Wilfried, was tust du hier?", fragte er mit zitternder Stimme.

„Ich konnte nicht schlafen, Hochwürden, ich musste immer an Sie denken, und ich sah Licht in Ihrem Zimmer, da kletterte ich aus dem Fenster und kam, um Sie zu sehen. Sind Sie mir böse, Hochwürden?", fragte er zitternd, als er den fast wilden Ausdruck in dem asketischen Gesicht bemerkte.

„Warum wolltest du mich sehen?" Der Priester wagte kaum, sich die Situation ganz klar zu machen, und hörte fast nicht, was das Kind sprach.

„Weil ich Sie liebe, ich liebe Sie – oh, so sehr! Aber Sie – Sie sind böse auf mich – oh, warum bin ich gekommen? Ich dachte nie, dass Sie böse sein würden."

Und der Kleine sank ins Gras und brach in bittere Tränen aus.

Der Priester sprang durch das offene Fenster, nahm die kleine schmale Gestalt in die Arme und trug sie in das Zimmer. Er zog den Vorhang vor, setzte sich in den tiefen Lehnsessel, legte den kleinen, blonden Kopf an seine Brust und küsste die Locken wieder und wieder.

„Oh, mein Liebling, mein wunderschöner Liebling, flüsterte er. Wie könnte ich dir böse sein? Du bist mir mehr als die ganze Welt. Ach Gott! Wie ich dich liebe, mein süßer Liebling!"

Fast eine Stunde blieb der Knabe in seine Arme geschmiegt, Wange an Wange gelehnt, dann sagte der Priester ihm leise, dass er heimgehen müsse. Ihre Lippen begegneten sich in einem letzten langen Kusse, dann schlüpfte die schmale, weiß gekleidete Gestalt durch das Fenster, rannte durch den kleinen mondbeschienenen Garten und verschwand in dem gegenüberliegenden Fenster.

Als sie sich am folgenden Morgen in der Sakristei trafen, hob der kleine Knabe sein schönes, blumengleiches Gesicht, und der Priester legte sanft seine Arme um ihn und küsste ihn zart auf die Lippen.

„Mein Liebling, mein Liebling", war alles, was er sagte. Aber der Knabe erwiderte seinen Kuss mit einem Lächeln beinahe himmlischer Liebe, einem Schweigen, das beredter war als Worte.

Der Mond schien hell und schön, die frische Nachtluft war erfüllt von dem Duft der Blumen, welche so üppig in dem kleinen Gärtchen blühten. Aber in dem kleinen Zimmer des Priesters schlossen die dicht verhangenen Fenster all die Schönheit der Nacht aus, und weltentrückt, vollkommen gleichgültig gegen alles außer gegeneinander, in die wundervollen Offenbarungen einer Liebe gehüllt, welche die herrlichste Sommernacht noch weit übertraf, saßen der Priester und der kleine Ministrant beieinander. Der Kleine saß auf seinen Knien, die Arme eng um seinen Hals geschlungen, und seine blonden Locken schmiegten sich an das dunkle Haupt des Priesters; sein weißes Nachthemd hob sich seltsam und schön von der schwarzen Soutane ab.

Ein Schritt auf dem Kies wurde hörbar – er kam näher und näher, dann klopfte es an die Tür. Sie hörten nichts, sie waren ganz ineinander versunken, betäubt durch den süßen Trank der Liebe saßen sie in tiefem Schweigen. Aber das Ende war gekommen, der Würfel war gefallen. Die Tür öffnete sich, und auf der Schwelle stand die hohe Gestalt des Rektors. Keiner sprach ein Wort, nur der Kleine klammerte sich fester, und seine Augen weiteten sich vor instinktiver Furcht. Der junge Priester stellte ihn auf die Füße und erhob sich langsam.

„Du musst jetzt gehen, Wilfried", war alles, was er sagte.

Die beiden Priester standen in tiefem Stillschweigen und beobachteten das Kind, wie es aus dem Fenster schlüpfte, über den Rasen schlich und in dem gegenüberliegenden Hause verschwand. Dann wandten sich die beiden langsam um und sahen sich in die Augen.

Der junge Priester sank in den Lehnstuhl, faltete die Hände und wartete, bis der andere zu sprechen beginnen würde.

„Also so weit ist es gekommen! Die Menschen, die Sie bei uns angeklagt haben, haben nur zu recht gehabt. O Gott, dass so etwas passieren konnte! Dass es mein Los wurde, Ihre – unsere – Schande zu offenbaren! Dass ich es bin, der Sie der Gerechtigkeit überliefern und darüber wachen muss, dass Ihnen die volle Strafe für Ihre Sünde zuteilwerde! Haben Sie nichts zu Ihrer Rechtfertigung zu sagen?“

„Nichts – nichts“, erwiderte er sanft. „Ich flehe nicht um Mitleid, ich kann es nicht erklären, Sie würden es niemals verstehen. Ich bitte nicht für mich, ich bitte nicht um Schonung, aber bedenken Sie den fürchterlichen Skandal für unsere heilige Kirche.“

„Es ist besser, den Skandal zu veröffentlichen und ihn auf die Weise zu brandmarken. Es ist Wahnsinn, eine Wunde verbergen zu wollen; besser die Schande preisgeben, als sie heimlich platzgreifen zu lassen.“

„Bedenken Sie das Kind.“

„Das hätten Sie tun müssen, Sie hätten früher daran denken müssen. Was habe ich mit seiner Schmach zu tun, das war Ihre Angelegenheit. Außerdem würde ich ihn auch nicht schonen, wenn ich könnte, ich kann kein Mitleid für solche fühlen, die ...“

Aber der junge Mann hatte sich erhoben, blass bis in die Lippen. „Halt“, sagte er mit leiser Stimme, „halt! Ich ver-

biete Ihnen, anders als mit Respekt von ihm zu sprechen", dann leise zu sich selber, „anders als mit Achtung, anders als weihevoll."

Der andere schwieg, einen Moment eingeschüchtert. Dann brach sein Zorn aus. „Wagen Sie es, so zu sprechen? Wo ist Ihre Reue, Ihre Schande? Haben Sie kein Gefühl für Ihre schreckliche Sünde?"

„Ich habe keine Sünde begangen, für die ich mich schämen müsste", antwortete er ruhig. „Gott gab mir die Liebe zu ihm ein und ihm die Liebe für mich. Wo ist der, der Gott und der Liebe, welche seine Gabe ist, widerstehen könnte?"

„Wagen Sie es, den Namen zu beschmutzen, indem Sie eine solche Leidenschaft Liebe nennen?"

„Es war Liebe, wahre Liebe, es ist wahre Liebe."

„Ich kann nichts mehr sagen, morgen soll alles bekannt werden. Sie sollen diese Schmach schwer büßen", sprach der Rektor voller Zorn.

„Es tut mir leid, dass Sie kein Mitleid haben, nicht dass ich für mich selbst Schande und Strafe fürchten würde. Aber Barmherzigkeit findet man selten bei Christen", sagte er vor sich hin.

Der Rektor wandte sich ihm plötzlich zu und streckte ihm die Hände entgegen. „Gott vergebe mir meine Härte", sagte er. „Ich bin grausam gewesen, ich habe herzlose Worte in meiner Verzweiflung gesprochen. Oh, könnten Sie doch irgendetwas zu Ihrer Verteidigung sagen!"

„Nein, ich glaube nicht, dass es etwas nützen würde. Wenn ich versuchen würde zu leugnen, würden Sie glauben, dass ich lüge; und wenn ich selbst meine Unschuld beweisen würde, wären trotzdem mein Ruf, meine Karriere und meine Zukunft für immer ruiniert. Aber wollen Sie mir

einen Moment zuhören? Ich will etwas von mir sprechen.“

Der Rektor setzte sich zum leeren Kamin, stützte seinen Kopf auf die gefalteten Hände und hörte dem jungen Priester zu, der ihm die Geschichte seines Lebens erzählte.

„Wie Sie wissen, wurde ich in einem großen Pensionat erzogen. Ich war immer anders als die anderen Knaben. Mir lag nie viel an ihren Spielen. Ich hatte kein Interesse an den Dingen, die Knaben sonst so in Anspruch nehmen. Ich war sehr glücklich in meiner Knabenzeit. Meine einzige Bestrebung war, das Ideal zu finden, nach dem ich mich sehnte. Es war so: Ich hatte immer eine undefinierbare Sehnsucht nach etwas, ein unbestimmtes Etwas, das niemals Gestalt annahm, etwas, das ich nie ganz verstehen konnte. Mein heißester Wunsch war immer, etwas zu finden, das mich ganz ausfüllen würde. Ich ward von dem, was man Sünde nennt, sofort angezogen, mein ganzes Knabenleben war beschattet von der Sünde. Selbst jetzt denke ich noch manchmal, dass Sünde schöner ist als irgendetwas auf der Welt. Es gibt Laster, welche beinahe unwiderstehlich denjenigen anlocken, welcher Schönheit über alles liebt. Ich habe immer Liebe gesucht, wieder und wieder bin ich das Opfer leidenschaftlicher Liebessehnsucht gewesen, und von Zeit zu Zeit schien mir, als ob ich mein Ideal gefunden hätte, das ganze Ziel meines Lebens war mir durch alle Zeit hindurch, die ganze Liebe irgendeines Menschen zu erringen. Einige Male schienen meine Bemühungen erfolgreich, aber immer wieder kam ich zur Erkenntnis, dass der Erfolg wertlos war. Immer, wenn ich den Preis errungen hatte, verlor er alle Anziehungskraft – mir lag dann nichts mehr an dem, wonach ich mich so sehr gesehnt hatte. Umsonst suchte ich die Stimme meines Herzens mit den gewöhnlichen Freuden und Lastern zu ersti-

cken, welche gewöhnlich die Jugend so anzieht. Ich musste einen Beruf wählen, ich wurde Priester. Die ganze ästhetische Neigung meiner Seele wurde von den wundervollen Mysterien des Christentums, der künstlerischen Schönheit seines Gottesdienstes gefangen genommen. Seit meiner Priesterweihe habe ich in der Täuschung gelebt, dass in meine Seele endlich der Friede eingezogen, dass meine Sehnsucht endlich gestillt sei. Alles umsonst. Unaufhörlich habe ich mit dem immerwährenden Verlangen nach Leidenschaften gekämpft und mit der ermüdenden Sehnsucht nach vollkommener Liebe. Ich habe immer gefunden und finde heute noch eine unendliche Glückseligkeit in der Religion, nicht in der regelmäßigen Pflichterfüllung eines religiösen Lebenswandels, nicht in den alltäglichen Pflichten in der Kirchengemeinde – diese haben keinerlei Reiz für mich, nein, mein Entzücken liegt in der ästhetischen Schönheit des Gottesdienstes, der begeisterten Hingabe, der leidenschaftlichen Inbrunst, welche durch innere Einkehr und langes Fasten entsteht."

„Fanden Sie keinen Trost im Gebete?"

„Trost? – nein! Aber ich habe im Gebet Freude, Aufregung, beinahe ein wildes Entzücken an der Sünde entdeckt."

„Sie hätten heiraten sollen. Ich glaube, das wäre Ihre Rettung gewesen."

Ronald Heatherington erhob sich und legte seine Hand auf den Arm des Rektors. „Sie verstehen mich nicht! Niemals in diesem Leben war eine Frau imstande, mich zu fesseln! Können Sie nicht begreifen, dass Menschen verschieden, ganz verschieden voneinander sind? Es ist nicht möglich, dass wir alle gleich sind, unsere Naturen, unsere Temperamente sind vollkommen verschieden. Aber das wollen die Menschen nie einsehen und infolgedessen entstehen ihre Meinungen auf ganz falscher Grundlage. Wie können daher die Schlussfolgerungen richtig sein, wenn die Voraussetzungen falsch sind? Ein Gesetz, welches von der Majorität aufgestellt wird, die zufällig im großen Ganzen gleich ist, ist für die Minorität nur gesetzlich, nicht moralisch bindend. Welches Recht haben Sie oder irgendwer, mir zu sagen, dass dies und dies Sünde ist. O warum kann ich Ihnen das nicht besser erklären und Sie zwingen, das einzusehen?" Und seine Hand umschloss fester den Arm des Rektors. Dann fuhr er rasch und noch eindringlicher fort: „Für mich, mit meiner Natur, wäre es eine Sünde gewesen zu heiraten. Es wäre ein Verbrechen, krasse Unmoral gewesen, und mein Gewissen hätte sich dagegen aufgelehnt." Dann fügte er bitter hinzu: „Unser Gewissen sollte jener göttliche Instinkt sein, der uns gebietet, nur das zu suchen, was wir unserer Naturanlage nach brauchen – dies haben wir vergessen, für die meisten von uns, für die Welt, ja sogar für die Christenheit im Allgemeinen ist das Gewissen nur eine andere Bezeichnung für die Feigheit, die nicht den Mut hat, die Konvention zu beleidigen. Ach, diese verfluchte Konvention! Ich habe keine Sünde begangen. Vor dem Angesicht Gottes ist meine Seele makellos, aber vor Ihnen und der Welt bin ich eines abscheulichen Verbrechens schuldig – abscheulich lediglich, weil es eine Sünde gegen die Konvention ist. Ich begegnete diesem Knaben, ich liebte ihn, wie ich nie vorher in meinem Leben etwas geliebt habe: Ich brauchte mir keine Mühe zu geben, seine Zuneigung zu gewinnen – sein Herz flog mir zu. Er liebte mich, so wie ich ihn liebte, vom ersten Augenblick an, er war die nötige Ergänzung meiner Seele. Wie darf die Welt wagen, uns zu verurteilen? Was ist uns die Konven-

tion? Trotzdem ich wirklich wusste, dass eine solche Liebe schön und makellos sei, obgleich ich aus der Tiefe meines Herzens das engherzige Urteil der Welt verachtete, versuchte ich dennoch anfangs um seinetwillen und um unserer Kirche willen zu widerstehen. Ich kämpfte gegen den Zauber, den er für mich besaß. Ich hätte ihm nie von mir aus meine Liebe gestanden, ich hätte gekämpft bis zum Ende, aber was konnte ich tun? Er war es, der zu mir kam und mir den Reichtum an Liebe bot, den seine wundervolle Seele besaß. Wie konnte ich einer solchen Natur die hässliche Auslegung der Welt klarmachen? So wie Sie ihn heute Abend sahen, ist er Nacht für Nacht zu mir gekommen – wie durfte ich die süße Reinheit seiner Seele stören, indem ich ihm die abscheulichen Verdächtigungen klarmachte, welche durch seine Gegenwart entstehen konnten. Ich wusste, was ich tat. Ich habe mich mit der Gesellschaft zerworfen. Ich habe ihre Gesetze verhöhnt. Ich verlange nicht Ihr Mitleid noch Ihre hilfreiche Hand. Ihre Augen sind von Vorurteilen geblendet. Sie sind gefesselt, mit jenen grauenvollen Ketten gefesselt, welche Ihre Seele mit Ihrer Wiege eingeschlossen hielten. Sie müssen tun, was Sie für Ihre Pflicht halten. In Gottes Augen sind wir Märtyrer, und wir werden in diesem Kampfe gegen die götzenhafte Anbetung der Konvention auch vor dem Tode nicht zurückschrecken.“ Ronald Heatherington sank auf einen Stuhl nieder und barg sein Gesicht in den Händen.

Der Rektor verließ schweigend das Zimmer.

Während einiger Minuten saß der junge Priester regungslos, das Gesicht in den Händen vergraben. Dann erhob er sich mit einem Seufzer und schritt hinaus in den Garten bis an das offene Fenster seines Lieblings.

„Wilfried“, rief er leise.

Das wunderschöne Gesicht, bleich und nass von Tränen, erschien am Fenster. „Ich brauche dich, mein Liebling, willst du kommen?“, flüsterte er.

„Ja, Hochwürden“, antwortete der Kleine leise.

Der Priester führte ihn in sein Zimmer zurück, nahm ihn sanft in die Arme und versuchte die kalten kleinen Füße in seinen Händen zu erwärmen. „Mein Liebling, es ist alles vorbei.“ Und er sagte ihm, so mild er konnte, alles, was ihnen bevorstand.

Der Knabe barg sein Gesicht an seiner Schulter und weinte leise. „Kann ich nichts für Sie tun, Hochwürden?“

Er schwieg einen Augenblick. „Ja, du kannst für mich, mit mir sterben!“

Und nun meine Frage: Wie kommt es, dass ein Mann sich in einen heranreifenden Jungen verliebt bzw. diesen begehrt? Hierzu verschiedene Erklärungen, die ich bei Wikipedia gefunden habe, bei denen die Vermutung naheliegt, dass man diese als Begründung für Fehlverhalten heranzuziehen versucht.

„Ephebophilie“ bezeichnet die sexuelle Neigung zu pubertären und postpubertären Jungen, was in etwa die Altersspanne zwischen 12 und 17 bzw. bis 20 Jahren betrifft. Der Begriff wurde von Magnus Hirschfeld geprägt. In seinem 1906 erschienenen Werk „Vom Wesen der Liebe“ beschreibt er die Zuneigung zu Jungen von der Pubertät bis zu einem Alter von 20 Jahren.

Als „Parthenophilie“ bezeichnet man die Neigung erwachsener Männer zu pubertierenden Mädchen.

„Neoterophilie“ bedeutet „der Jüngere“. Hierbei handelt es sich um eine hauptsächlich oder überwiegende sexuelle Vorliebe für (wesentlich) jüngere Liebespartner. Dabei spielt es keine Rolle, ob männlich oder weiblich, hetero- oder homosexuell.

Ich kann verstehen, dass man, wenn man eine besondere Liebe zu erheblich jüngeren Menschen verspürt, diese als Sexpartner auswählt, um mit ihm/ihr, sofern sie es auch selbst wollen, Freude zu haben. Immer vorausgesetzt, diese jungen Geschöpfe sind bereits erwachsen oder in einem Alter, in dem das Gesetz es – mit deutlichen Einschränkungen und strengen Vorgaben – erlaubt. Mir ist klar, dass ich mich mit diesen letzten Worten etwas weit aus dem Fenster lehne. Sie bedeuten jedoch nicht, dass man sich die jungen Menschen, die man liebt und begehrt, wenn man selbst schon ein verschrumpelter Oldie ist – hier übertreibe ich ein wenig –, mit Gewalt nimmt (bei klerikalen Herren: sich unter den Rock schiebt), falls sie die angebotene Liebesbekundung ablehnen. Oder dass man sie, ohne lange zu fragen, gewaltsam entkleidet und sich an ihnen vergeht. Leider geschieht das zu oft bei Kindern und Jugendlichen, da diese meist schwach und … beeinflussbar für die süßlich-giftigen Worte der Kirchenherren sind. Und wenn das nicht hilft, dann versucht man es mit Drohungen, Erpressung und Bestechung. Einschüchterungstaktiken kennen diese Mörder der Seele genug, um an ihr begehrtes, liebliches Ziel zu kommen und ihren angestauten Rotz loszuwerden. So sind diese … Auserwählten dann die göttlichen Engel hinter den Mauern des Grauens. Und wenn sie, die Missbrauchten, schließlich „alt“ sind, werden sie entsorgt und mit ihrem Schmerz allein gelassen. Oh ja, und der Herr liebt sie doch … seine Vertreter auf Erden. Aber nicht die Normalsterblichen. Die sind ja nur zum Ge- und Missbrauchen auf der Welt – möchte man meinen.

Kann es sein, dass sich viele der Kinderschänder im priesterlichen Herrscher- und Ruhmesgewand auf Ephebophilie und Parthenophilie als eine Krankheit herausreden wollen, um so ihre grausame Tat rechtfertigen zu können, unter der sie angeblich leiden? Oder denken sie, dass ihre Kuschelpädagogik mit den Kindern nicht als das erkannt wird, was es oft wirklich ist? Glauben sie tatsächlich, dass sie jedem weismachen können, dass sie das Kind nur der Liebe wegen lieben und mit ihm dann Sex haben dürfen? Wie blöd glaubt denn der Vergewaltiger der Kinder, dass wir sind?

Vielleicht heißt es auch deshalb immer wieder in dem Gesäusel der Priester: „… die Glieder unserer noch sehr jungen Brüder in der Kirchengemeinschaft …“ Und gedanklich auch … „das noch unbefleckte Gegenstück dazu, welches wir in unserer Gemeinschaft mit Liebe, inniger Fürsorge, Menschlichkeit, großer Freude und väterlichem Schutz und Beischlaf, äh Beistand, in unserer Mitte aufnehmen“. „Mitte“ impliziert mir, dass sich auch andere gleichzeitig an dem Kind vergehen.

Dass es die Liebe in allen Varianten gibt, ist mir klar, doch um sich nach einer teuflischen Tat zu schützen, braucht mir keiner dieser Liebeskasperln daherkommen und von mir erwarten, dass ich sein Tun verzeihen kann. Auch dass Gott (angeblich) Kinder liebt und sie die Vertreter ihres Gottes hier auf Erden sind, ist noch lange keine Berechtigung, ein Kind zu missbrauchen, weil man es liebt. Liebe und Missbrauch gehören nicht (!) zusammen.

Jede Träne eines geschundenen Kindes, die in der Nacht

in das Kissen vergossen wird, ist eine Träne des Schmerzes und der Verzweiflung. Jede Bitte an Gott, ihm bzw. ihnen zu helfen, sie vom Grauen und den Schmerzen zu befreien, wird nicht erhört, weil er die Sprache der Kinder nicht versteht. Doch die Sprache der Schänder, ja die kennt und spricht er perfekt. So werden weiter Millionen und Abermillionen Tränen von geschlagenen und missbrauchten Kindern Nacht für Nacht vergossen und die flehenden Gebete um Befreiung von Schlägen und Übergriffen nicht erhört.

Oder berufen sie sich auf die Konkupiszenz? „Konkupiszenz“ bedeutet „heftiges Verlangen, Begierde“ und gilt als theologischer Fachbegriff. Na klar doch ist das ein theologischer Fachbegriff, was auch sofort klarmacht, dass es in den Reihen der „Ich habe dich so lieb, mein Kind“ zu den häufigen Übergriffen an Kindern kommt.

Mit „Konkupiszenz“ bezeichnet man die Neigung oder die innere Tendenz eines Menschen zum Bösen oder zur Sünde.

Haben diese Männer, die nicht nur mit den Augen eine Begierde und ein Verlangen nach „Kinderopfern“ verspüren, in sich die Neigung … bewusst das Böse und die Sünde? Ist das möglich? Oder berufen sie sich darauf, dass es eine Krankheit ist? Ist die Motivation, seinen sexuellen Trieb an den Schwachen, an den leicht zu beeinflussenden Kindern auszuleben, dann nicht bewusst gesteuert? Sind sie wehrlos gegenüber den ungewollten Reizen eines Kindes, die sie letztlich schwach werden lassen? Wollen sie behaupten, jedem weismachen, dass sie den Übergriff genauso wenig steuern können wie den Blutfluss im Körper oder den Herzschlag? Glauben sie tatsächlich, dass man ihnen das abnimmt? Glauben sie, dass die, denen man das sagt, so doof sind und es für bare Münze nehmen? Jawohl, das glauben sie! Warum legen diese Megabitch-Kirchenmaster in ihrem lässig-männlichen Lack-und-Leder-Luderlook unter dem schwarzen Rock nicht an sich selbst Hand an, um ihren Kasperl zum „Niesen" zu bringen? Weil sie von ihren vielen Freuden an sich selbst bereits verkrampfte Finger haben!?

Und was ist mit dem Verstand, ihrem doch so hochgelobten und gepriesenen? Wird er durch den Einfluss des Bösen, das Verlangen nach Befriedigung von Gelüsten, unbewusst brach gelegt? Ganz sicher nicht, doch steht er dabei nur im Wege und wird bewusst ins Abseits gestellt.

Nun, wenn man schon der Versuchung ausgesetzt ist und es kein Ende nimmt, dann nimmt man sich das, was man will, und sei es der Körper eines (heranwachsenden) Kindes. Handeln sie so? Klar handeln sie so, ohne Rücksicht darauf, was den Opfern an Grausamem geschieht. Und damit diese nichts herausplappern, setzt man sie unter Druck – nicht ohne die Androhung von Leibesschaden. Als wenn das nicht schon bei einem sexuellen Übergriff geschehen wäre, gepaart mit dem ewigen Schmerz in der Seele.

„Oh Herr, führe mich nicht in Versuchung! Da du mir aber immer wieder das Begehrte schickst, werde ich dein ‚Geschenk' dankbar annehmen, es auspacken und mich mit all meinen Sinnen daran austoben."

So oder ähnlich könnte ein Gebet an Gott gerichtet sein, mit dem sie sich ein wenig von ihrer Lust und Begierde und schließlich von dem Bösen freisprechen.

„Zu allem Handeln gehört Vergessen", sagte Friedrich

Nietzsche. Ja, die Täter vergessen schnell, lautet meine Antwort darauf. Oh ja, wie pervers, denn sie selbst locken die Kinder zu sich, um sich ihnen eindringlichst hinzugeben.

Augustinus beschreibt in den confessiones, lib. X, cap. 35 die „concupiscentia“ als jenen Teil der Neugierde („curiositas“), der die reine Augenlust ist. Ihr sind alle anderen Sinne gleichgesetzt.

Konkupiszenz

Mit der Taufe tilgt man die Erbsünde und richtet den Menschen wieder auf Gott aus, doch die Neigung zur Sünde und zum Bösen bleibt bestehen. So muss der Mensch nach der Taufe weiter gegen die Begehrlichkeit, die Konkupiszenz ankämpfen, was nur mit der Gnade Gottes gelingen kann. Ja, so ist es, wenn man es glauben möchte.

Weit kann es mit der Gnade Gottes gegenüber seinen Gottesmännern auf Erden nicht her sein. Sie sündigen weiter, was das Zeug hergibt und das böse Herz verlangt. Da hilft auch keine Taufe, um sie von ihren Sünden zu befreien. Auch nicht, wenn sie sich im plörrigen Weih- und Taufbecken baden würden. Hier würde sich zeigen, dass Gott seine Gottesmänner nicht besonders liebt, wenn er ihnen nichts vergibt. Um die Opfer und potenziellen Opfer von den Sündern zu befreien, hilft nur das Ertränken der Verursacher des himmelschreienden Leides.

Bei solch widerlichen Handlungen und Wandlungen des „lieben Mannes“, vom Paulus zum Saulus, geht es nicht um die Liebe zum Menschen, dem Kind, sondern um die Liebe zum Körper des Kindes, das man genussvoll und voller Hingabe benutzen möchte, um seine notgeilen Triebe auszuleben. Eines muss ich noch loswerden, denn sonst explodiere ich: Pfui Teufel noch mal, möge euch das halb vertrocknete Glied abfaulen, wenn ihr nur daran denkt, ein Kind zu verführen, um es dann gnadenlos und schmerzhaft zu missbrauchen.

Jesus von Nazareth lehrte keinen vollständigen Ablass für Kinderschänder im Talar, sondern er sprach: *„Wer einen von diesen Kleinen, die an mich glauben, zum Bösen verführt, für den wäre es besser, dass ihm ein Mühlstein um den Hals gehängt und er ins Meer geworfen würde.“*

Die Täter kennen keine Reue, doch verlangen sie ein Verstehen ihrer Taten. Als Schutzbehauptung sagen sie dann, dass diese krankheitsbedingt begangen wurden und sie nichts dafürkönnen, dass sie ihren Trieben freien Lauf gelassen haben. Bedarf es hierzu weiterer Worte?

Sollen Kinder Kontakt zu Priestern haben?

Zuerst einmal möchte ich klarstellen, dass nicht alle Gottesmänner, die ihren Dienst für Gott am Altar verrichten, Kinderschänder sind. Ich weiß sehr wohl, dass es viele dieser Männer gibt, die wirklich mit Herz und Seele, und ja, auch mit dem Glauben an Gott und seinen Sohn und für die Menschen in ihrer Gemeinde, ebenso wie darüber hinaus, tätig sind. Und das mit ebendieser Liebe, die sie Woche für Woche predigen. Sie sind es, die weniger auffallen mit ihren Taten, die man lobend erwähnen sollte. Doch zu diesen Männern, auch Frauen, gibt es das teuflische Gegenstück, tausendfach im Talar und in Kutten. Und genau auf diese Personen zielt das, was nun folgt.

Vielen Priestern haftet eine finstere Seite an, die sie mit sich herumtragen, auch wenn es ihnen nicht gefällt. Viele von ihnen begehen und begingen sexuelle Verbrechen an Kindern und Jugendlichen. Bald jeden Tag wird darüber weltweit berichtet, denn es vergeht kaum ein Tag, an dem kein Verbrechen dieser abscheulichsten Art von Priestern und anderen, die in der Kirche und für sie tätig sind, an Schutzbefohlenen begangen wird. Die katholische Kirche ist überall auf der Welt in Verruf geraten, weil sich Priester an den Kindern (noch immer) vergehen, die zu ihnen aufschauen und ihnen ihr Vertrauen geschenkt haben. Ihre Gutgläubigkeit wurde ihnen zum Verhängnis. Verwerflich ist, dass die Oberen die Vergewaltiger auch noch durch ihre Kirchengesetze vor Strafverfolgung schützen. Nur in ganz seltenen Fällen kommt es zu einer Verurteilung der Kinderschänder vor einem weltlichen Gericht.

„Pädophilie“ bedeutet „Knaben- oder Kinderliebe“, wobei es um alles andere als um die Liebe geht, wie sie die Kirchenfuzzis in ihren Predigten immer und immer wieder lautstark verkünden. Bei der kirchlichen Liebe geht es vielen Priestern oft nur um die Liebe zu dem Körper eines Kindes – meist eines Jungen –, das sich gegen die Übergriffe nicht wehren kann.

Es wird Priestern leicht gemacht, an Kinder heranzukommen, und dabei müssen sie von sich aus gar nichts machen. Unbedarfte und leichtgläubige Eltern bringen dem Pfarrer das Kind schon fast auf einem goldenen Tablett in das Verbrecherhaus. Das Kind wird von seinen Eltern dazu angehalten, auf den Priester zuzugehen, weil sie Hochwürden, ihrem lieben Herrn Pfarrer, voll vertrauen. Klar, die Hochwürdigsten zeigen sich gegenüber den Eltern, die mit den „begehrenswerten Kindern“ in dessen Haus kommen, äußerst herzlich, kinderlieb und sehr christlich. So einer, der macht ja nichts, was böse ist – denken sie. Also schicken sie das Kind in die Höhle des Raubtieres, das schon vor Geilheit geifert.

Was geschieht mit einem Kind, das mit einem pädophilen Priester in Kontakt kommt? Es wird von ihm, wenn möglich, oft „liebevoll gesegnet“. Das heißt, der Priester legt ihm die Hand auf und segnet es erst einmal. Vermutlich segnet er es, weil er ein so wunderbares Geschenk erhalten hat, das ihm die doofen Eltern auch noch persönlich gebracht haben. Später wird es ohne einen Segen des Herrn – des lieben Gottes – empfangen. Wenn der Priester das Vertrauen des Kindes erlangt hat – mit Geschenken –, berührt seine bereits kribbelnde Hand auch schon mal dessen Popo. Eines der besten Möglichkeiten, ein Kind am Popo zu berühren, sind Fangspiele. Wenn das Kind bei dem Spiel vom

Priester erwischt wurde, nimmt er es fest in den Arm und klopft ihm tätschelnd auf den Hintern. Mit der Zeit finden dann immer häufiger „heimliche und schleichende“ Berührungen an verschiedenen Körperteilen des Kindes statt, was letztendlich in einem sexuellen Übergriff gipfelt. Und der Herr Pfarrer glaubt doch tatsächlich, das Kind bemerke nicht, was der „Übermensch“ vorhat.

Ja, Kinder hat man am liebsten, wenn sie noch unschuldig und formbar sind. Auch weil sie nicht wissen, was ihnen Teuflisches geschieht, ausgeführt von Männern mit warmen und schwitzigen Händen und lieben Worten. Eines weiß ich sicher: Kinder fühlen, dass etwas nicht richtig ist, wenn man sie betatscht und sie es als unangenehm empfinden. Ich selbst mochte es auch nie. Nun, ich hatte Glück, zu mehr als zu diesem Getätschel kam es bei mir nie. Ich muss wohl Glück gehabt haben – oder doch einen unsichtbaren Beschützer?

Kinder sind feinfühlig und ganz sicher nicht doof. Sie trauen sich nur nicht, gegen die Autoritätsperson aufzubegehren. Nein, sie sagen nichts – aus Scham und sehr oft aus Angst –, wenn ihnen das, was man ihnen antut (Leibeserkundung), nicht gefällt. Sie werden auch nicht gefragt, sondern vor nackte Tatsachen gestellt. So schweigen sie und hoffen, dass das Unangenehme bald für immer ein Ende hat. Sicher beten sie auch darum, dass man ihnen nicht wehtut, und das ausgerechnet zu einem Gott, der keine Gnade kennt.

Dieser Gott beschenkt seine Anbeter und schert sich nicht um die Gebete, die Bitten der gepeinigten Kinder. Die Todesstrafe wurde im Vatikanstaat aus reinem Selbstschutz abgeschafft, um nicht nach einer Verurteilung aufgrund von Kinderschändung am Stricke aufgehängt oder am

Kreuz festgenagelt zu werden – bis dass der Teufel des Himmels den Verurteilten abholt. Und so ist doch jedem klar, warum die Kirche so sehr, auch heute noch, die Kinderliebe hervorhebt.

Liebt Gott seine Kinder wirklich? Wenn ja, dann ganz sicher nicht so, wie man sich Liebe vorstellt. Besonders aber liebt er seltsam gekleidete alte Männer und versorgt sie, weil er sie besonders lieb hat, mit „kindlichen Spielsachen", die ihnen viel Freude machen. Er sorgt dafür, dass alte Männer im Rock mit Kindern spielen – wie es ihnen gefällt. Ein beliebtes Spiel ist das Doktorspiel, von dem sie nie genug bekommen können. Am liebsten mit ständig neuem Spielzeug, dem noch unberührten, das niemand anderes bisher in den Händen hatte. Des Weiteren beliebt sind erfrischende Spiele im Wasser – mit einem Saunagang danach? Und was trägt man in der Sauna?

Stellen Sie sich einmal vor, wie es einem Kind ergeht, das ungewollt angefasst wird, das an Körperstellen gestreichelt wird, an denen es ihm unangenehm ist. Und das sich dann auch noch, wie es meist der Fall ist, einer sehr schmerzhaften sexuellen Handlung, einer Vergewaltigung ausgesetzt sieht. Ausgeführt von einem Priester, dem die Eltern das Kind förmlich „geschenkt" haben. Früher gab es das – und sicherlich ist es auch heute noch so –, dass Eltern der Kirche ihr Kind bzw. ihre Kinder zum Geschenk machten. So gingen die Kinder als „Oblati" in das Eigentum der Kirche über – mit Haut und Haaren und … dem noch unbenutzten und sehr beliebten „Spielzeug" in der Hose. Diese Kinder wurden in einem feierlichen Festakt mit großer Freude und besonderer Hingabe herzlichst in die klösterliche Gemeinschaft aufgenommen. Heute sind es das Pfarrhaus oder die Sakristei, in denen man das Kind einlädt, gemeinsam eine schöne Zeit zu verbringen. Und wenn der Gottesmann nicht sein geliebtes Spiel spielen darf, also nicht zum Zuge kommt, weil das Kind nicht „mitspielen“ will, dann wird geflucht was der kirchliche Wortschatz hergibt. Ähnlich dem: „Sakradi und Kraizkruzefix no a moi“ und das in der Sakristei einem Ort der Stille und der Vorbereitung für die Messe, oder Andachten, Hochzeiten und Taufen usw. usf.

Was unter „Oblati“ zu verstehen ist, darüber ist später zu lesen.

Nicht besser ergeht es Kindern, wenn sie Eltern haben, die dem Gottesmann einer Gemeinde, einer Pfarrei „verfallen“ sind. So haben diese Kinder niemanden in der Familie, zu dem sie gehen können, um zu erzählen, wie der „gute Mann“ sie immer und immer wieder an Körperbereichen betatscht, an denen sie es gar nicht mögen, weil es sich nicht richtig anfühlt. Sie wissen, die Eltern würden es nicht glauben. Sie können aber auch nicht davonlaufen. Sie müssen immer wieder zurück zu dem guten, gottesfürchtigen Mann, der sie unsittlich berührt, bis es unweigerlich zur Vergewaltigung des Kindes kommt.

Der Gottesmann, der Gute, zwingt das Kind nach der „sanften Einleitung“ – wenn es sein muss, auch mit Gewaltandrohung – zum Oralverkehr oder was ihm sonst so gefällt. Auch muss es den Priester zum Abspritzen bringen, während dieser die Geschlechtsorgane des Kindes anfasst. Ich hätte vieles mehr von dem, was Kindern angetan wird, aufschreiben können, doch das würde hier zu weit in das Unfassbare, das Unmenschlichste gehen. Die Vorstellungskraft des Menschen ist angesichts dieses grauenvollen Themas grenzenlos.

Was hat das, was einen Priester antreibt, der Kinder vergewaltigt, überhaupt mit der kirchlichen Liebe zu tun? Nichts, gar nichts! Schon eine angeblich harmlose Berührung des Pos oder des Genitalbereichs ist für das Kind erschütternd, schockierend, seelisch verletzend, da es spürt, dass ihm nicht gefällt, wo und wie es angefasst wird. Ein Kind kann das, was es erlebt, nicht in seiner Gänze erfassen, und auch nicht, was mit ihm aufgrund scheinbar harmloser Berührungen passiert. Sicher aber ist, dass das Kind große Scham verspürt und es als äußerst unangenehm empfindet, was während der Berührungen mit ihm geschieht. Es spürt schlagartig, dass das, was geschieht, für ihn nicht richtig ist und dass es sein Bewusstsein, sein Seelenleben bereits im Moment des Geschehens durcheinanderbringt, wenn es das auch (noch) nicht in Worte fassen kann. Ein Kind merkt und weiß, was es nicht mag, weil es sich nicht gut und nicht richtig anfühlt. Das alles steckt, so denke ich, in den Genen eines jeden Menschen. Dieses Empfinden von Unwohlsein entwickelt sich nicht erst mit den Jahren, nein, das wird jedem Menschen mit auf die Welt gegeben, ebenso wie die Furcht im Dunkeln. Diese Dinge lassen einen vorsichtig werden, der Sinn für Gefahr ist geschärft. Und genauso ist es auch bei Kindern, die etwas erleben, was sie nicht kennen. Und wenn sie erkennen, dass das, was mit ihnen geschieht, für sie eine Gefahr darstellt, reagiert ihr Körper mit Furcht und Widerwillen. Ihr Fluchtinstinkt sagt ihnen, dass sie davonlaufen sollten, doch bei einem guten und lieben Gottesmann, wie es den Kindern oft eingetrichtert wird, braucht man keine Angst zu haben und muss bei seltsamen Berührungen, die das Kind instinktiv richtig einschätzt, auch nicht gleich davonrennen. So bleibt es starr vor dem Kirchenmann stehen und weiß nicht, was es tun soll, obwohl es richtig handeln würde.

Und genau diese Angst des Kindes, in der Gegenwart des lieben Mannes etwas falsch zu machen, nutzen diese Täter des Grauens hemmungslos zu ihrer eigenen Befriedigung aus. Allein die Angst, etwas falsch zu machen, führt dazu, dass das Kind tatsächlich falsch reagiert. Dem Priester die Hand wegzuschlagen, laut zu schreien und davonzulaufen, kommt aus (Ehr-) Furcht nicht in Frage. Und Ehrfurcht ist das, was man den Kirchenkindern in der Katholikengemeinschaft als Erstes einredet. Einen unfehlbaren, ehrwürdigen Priester oder Pfarrer, den verärgert ein Kind nicht, weil es sonst womöglich die eigenen gottesfürchtigen Eltern verärgert, die immer nur gut vom Pfarrer sprechen. Kein Kind darf sich erdreisten zu behaupten, dass der Gottesmann es immer wieder auf sehr eigenartige Weise berührt oder, noch schlimmer, es sogar missbraucht. Diese Einstellung ist in vielen katholischen Familien zu beobachten: „Das kann nicht sein, unser Herr Pfarrer tut so etwas nicht! Er zeigt dir doch nur, dass er auch dich ganz lieb hat.“ Mein Gedanke hierzu: Klar, am liebsten nackt. Oder man erwidert dem Kind: „Red keinen Unsinn! Was bildest du dir denn da (wieder) für einen Blödsinn ein?“ Die Verschmelzung mit der Kirche ist da schon oft fester als die Bindung zum eigenen Kind. Meist zum Leidwesen des Kindes.

Die Begriffe „unsittlich“ und „missbraucht“ kennen Kinder nicht und sie können daher gegenüber ihren Eltern auch nicht konkret sagen, wo der Schuh drückt. Wenn sie stattdessen mit einfachen Worten kundtun, dass der Seelsorger sie auf sehr unangenehme Weise berührt hat, und ihnen das nicht gefallen hat, und die Eltern es dem Kind nicht glauben, dann haben die Kleinen schon verloren. Sie sind auch in Zukunft dem Wahnsinn ausgeliefert, weil sie weiterhin in die Kirche und zum lieben Herrn Pfarrer gehen müssen. Solche Eltern sind aus meiner Sicht nicht geeignet, Kinder zu erziehen. Anders diejenigen, die ein feines Gespür für ihren Nachwuchs haben und bereits bei der kleinsten Andeutung, die auf einen Übergriff hinweist, reagieren. Eltern, die als Erstes ihr Kind lieben und nicht die Kirche und deren Vertreter.

Eltern sollten schon beim kleinsten Verdacht eines sexuellen Übergriffs – und seien es nur „sanfte Berührungen", die bekannt geworden sind – ihr Kind unverzüglich aus der Kirchengemeinde herausnehmen und jeglichen Kontakt zum Mann der Kirche verbieten. Weitere Schritte, beispielsweise das Erstatten einer Anzeige, sollten sich von selbst ergeben. Mir ist jedoch klar, dass es mehr als schwierig ist, ohne Beweise gegen einen sexuellen Übergriff, sei es durch einen Priester, einen Pfarrer oder einen Religionspädagogen, anzugehen. Dafür ist die Kirche zu mächtig. Aber allein schon die Tatsache, dass man vor einer Anzeige nicht zurückschreckt, könnte ein Zeichen setzen. Wobei sich die Kirche mit ihren spitzfindigen Vertretern so etwas nicht gefallen lässt und aus allen Rohren zurückschießt, auch wenn dabei ihr geliebtes und begehrtes Opfer, das betroffene Kind, mitsamt der Familie zugrunde geht. Das macht denen wohl nichts aus, denn von den Kindern gibt es ja reichlich neue, die man ganz doll lieb haben kann – bis sie nicht mehr zu ge- und zu missbrauchen sind. Und die Unfehlbarkeit des mächtigen Mannes im Talar bleibt, sollte es zu einem Richterspruch kommen, unbefleckt. Der Nimbus ist gewahrt und die Seele weiterhin rein. So zumindest war es für viele Jahre, doch inzwischen hat sich in der Gesellschaft die Wahrnehmung verändert und immer mehr Täter des Grausamsten, das möglich ist, werden an den Pranger gestellt und zu Haftstrafen verurteilt. Jedoch nicht hinter vatikanischen Mauern. Ein Vertuschen und/oder Verdrehen von Tatsachen durch ihre Kirchengesetze ist nicht mehr möglich. Was für eine Freude, und nicht nur für mich!

Ganz sicher kann man aber sagen, dass sexuelle Gewalteinwirkung bei dem betroffenen Kind eine lebenslange seelische Verletzung hervorruft, was den Prädator (Beutefänger, Beutegreifer) völlig kalt lässt. Auch deshalb, weil der Priester das Kind zur Geheimhaltung zwingt. Und dessen Angst ist übermächtig, was wiederum der Priester weiß und schamlos für sich ausnutzt. Ein Gottesmann kann auch heute noch darauf bauen, etwas Besonderes zu sein. Ist der Priester, der Pfarrer, der Mann Gottes also etwas „Besonderes"? Nein, das ist er nicht, in den Augen von gottesfürchtig gemachten Kindern jedoch schon – leider!

Eine besondere Grausamkeit zeigt sich bei der „gestellten" Beute, wenn sich das Rudel von (klerikalen) Prädatoren über die noch sehr jungen Menschen hermacht und sie regelrecht „zerfleischt" in ihrer Gier nach sexueller Befriedigung. Jeder von ihnen versucht dann, das beste Stück zu bekommen. Hier zeigt sich unter den Beutegreifern, dass sich jeder selbst am nächsten ist, um das (den/die) Beste zu ergattern. Und was geschieht mit der zerfetzten Seele des oder der Geschändeten? Auch das interessiert sie nicht, denn jegliches Mitgefühl, jede angebliche Heiligkeit ist wie vom Erdboden verschwunden. Und Gott mit ihnen und den Missbrauchten. Und diese zerfetzte Seele soll in das Reich Gottes kommen? Da ist es besser, wenn die Seele stirbt. Zu einem Gott zu kommen, der seine Schöpfung nicht unter Kontrolle hat, ist kaum erstrebenswert. Eher ist damit zu rechnen, dass das Schänden in Gottes Himmelreich und in seinem Namen weitergeht. Immer und immer wieder. Der Vorteil für diese Körper- und Seelenmörder bei der gemeinsamen „Jagd“ nach einem oder mehreren Auserkorenen ist, dass sie Wehrlose einfacher und schneller überwältigen und missbrauchen können. Die Erfolgsrate ist in diesem Fall größer, als wenn man allein auf Beutefang herumschleicht, was wiederum die Jäger, die Raubtiere, die Wölfe im Schafspelz wissen. Ein weiterer Aspekt der Meute ist, dass ein Einzelner sich hinter den anderen „Raubtieren“ verbergen kann. Und das wissen die Schänder von Schutzbefohlenen sehr wohl, und sie nutzen es schamlos aus, um sich vor eventuellen Konsequenzen ihres Verbrechens zu schützen, wenn sie des Vergehens an Kindern überführt werden. Hier erweist sich der Gruppenschwarm als Schutz vor der irdischen Strafe, was diesen Verbrechern der Menschlichkeit und der Unantastbarkeit des Menschen jeden Alters bekannt ist, die sich aber, wann immer es ihnen im Schritt juckt, einfach darüber hinwegsetzen.

Wenn ein Missbrauchsopfer vor Gericht aussagt, dann versucht der Vertreter des Angeklagten die Glaubwürdigkeit des Aussagenden in Zweifel und durch den Dreck zu ziehen. Diese Strategie wird auch gezielt genutzt, um eine Anklage des Täters und eine Verurteilung zu verhindern. Den Vertretern des Angeklagten fällt es oft leicht, die Aussagen eines traumatisierten Menschen infrage zu stellen. Man bezeichnet den Ankläger als jemanden, der nicht mehr ganze Herr seiner Sinne ist, wodurch auch immer hervorgerufen. Kurz gesagt jemand, der plemplem oder meschugge im Kopf ist. Und da das noch nicht ausreicht, wird das Opfer lächerlich gemacht und der Lüge bezichtigt. Man stellt es als Fantasten bloß, weil es keine Beweise für das von ihm Behauptete beibringen kann. Heißt es nicht oft, es handle sich um Aussagen eines seelisch auffälligen Menschen? Ja, so wird das Opfer, das durch die Hand des Angeklagten so viele Höllentaten erleiden musste, zu einem psychiatrischen Fall. Während der Gerichtsverhandlung bekommt der Gepeinigte dann auch noch einen Stempel aufgedrückt, weil man seinen Anschuldigungen keinen Glauben schenkt, und gilt somit per Gesetz offiziell als krank. Und schließlich lautet der süffisante Satz des Verteidigers: „Man kann doch keinen Priester verurteilen, wenn ein so auffällig seelisch kranker Mensch derart böse und diffamierende Anschuldigungen gegenüber einem Priester hegt, der doch immer nur das Gute und das Liebe für seine Kinder, auch für dieses, im Sinne hat."

Ja, die Raffinessen, die Tricks, mit denen die Kirche hantiert, um sogar den schlimmsten Verbrechen zu begegnen, derer Kirchenmänner im Talar angeklagt werden, sind dermaßen vielfältig und ausgefeilt, dass sie fast immer einer Verurteilung durch das Gesetz des Staates entgehen. Den Strafen durch die Gesetze der Kirche entgehen sie eigentlich immer. Der Kirchenstaat hält schützend seine Hand über seine eigenen Verbrecher, die auf diese Weise ihr Unwesen auch weiterhin ungestraft treiben können. Viele derjenigen, die sich an Schutzbefohlenen (an Kindern und Jugendlichen) vergehen, agieren während ihrer Übergriffe wie so mancher Trapezkünstler ohne Netz, denn sie verlassen sich ganz auf den himmlischen Schutz. Und genauso sind auch die Priester, Pfarrer und wen es sonst noch alles in der Kirche gibt. Wenn sie doch mal auf die Fresse fallen und ihre göttlichen Helfer und Schützer des Verbergens versagen, wenn sie nach Entlarvung ihrer sexuellen Übergriffe auf dem Boden der Tatsachen aufgeschlagen sind, dann kommt ihr himmlischer Vater oder einer seiner Engel, hilft ihnen wieder auf und befiehlt ihnen, dass sie ihren „Job" richtig erledigen sollen – ohne dabei erwischt zu werden. Es segne (und schütze) euch der allmächtige Gott, der Vater und der Sohn und der Heilige Geist. Und wenn das nicht ausreicht, dann auch der Obermacker des Vatikans – in seinem sündenfreien Gwanderl.

Papst Johannes Paul II. teilte in einem Erlass mit – zu lesen auch im Internet, und nicht frei von mir erfundene Worte –, wie man mit missbrauchenden Priestern umzugehen habe. Ein Teil des Erlasses besagt, dass ein Priester die Abklärung durchzuführen hat; ein Priester also hat den Täter zu vernehmen. Na toll, ein Priester hat den Täter zu vernehmen. Wenn das mal nicht ein Bruder im Geiste des Täters ist, der da seinen Mitbruder bis in das letzte Detail des Vergehens aushorcht. Wer weiß, was da beim Ermittler alles an intensiver Erregung entsteht.

Sobald sich der Verdacht erhärtet, dass eine Violation geschehen sein könnte, was gleichbedeutend ist mit „Schändung", „Vergewaltigung", wird das Verfahren an die Glaubenskongregation in Rom weitergegeben. Das Ganze unterliegt – ganz klar, so steht es im Erlass – dann der päpstlichen Geheimhaltung. Das heißt, die Kirche tut nichts, um eine Aufklärung nach weltlichem Recht herbeizuführen. Die Kirche setzt sich auf diese Weise ganz entspannt mit der Befugnis ihres kanonischen Rechtes über jedes weltliche Recht eines Staates hinweg. Sie tut das ohne jeglichen Skrupel und behauptet auch noch frech, das Kirchenrecht stehe über jedem weltlichen Recht. Und was erkennt man aus einem solchen Verhalten? Dass die Kirche keinen Deut daransetzt, dass weiterer Missbrauch seitens ihrer Priester verhindert wird. Gibt es womöglich sogar kirchliche apokryphische (verborgene) Schriften, in denen steht, dass man mit Kindern, auch Jugendlichen, alles – ja alles! – machen darf, wie es einem (Gottesmann) gefällt und beliebt? Wie auch immer, die Kirche schützt also die Täter, wenn diese folgsame Glieder der heiligen Gemeinschaft sind. Amen.

Jetzt bin ich mal wieder etwas böse zu den Handauflegern der alles liebenden Kirche – besonders zu den Kindern. Was diesen oft an Grausamem widerfahren kann und auch schon zigtausende Male geschehen ist, hat der Leser nun erfahren. Was er nicht weiß, ebenso wie wohl die meisten der Gläubigen, ist, dass die irdischen Auserwählten, die Berufenen, auch Spätberufene des Kirchengliedes, für die Fruchtbarkeit der Menschen beten und diese segnen, um ja viel jungen Nachwuchs zum Handauflegen zu bekommen, den sie dann auch noch mit viel persönlicher Liebe und Zärtlichkeit in die ureigenste Liebesumarmung, wie sie sie verstehen, einführen – im wahrsten Sinne des Wortes. Sie lieben das Neue, das Frische, das Unverbrauchte, das Zarte, weil sie daran und darin das Erfrischendste, Unschuldigste und zu Behütendste sehen, was sie ganz allein, dann mit ihrer „Segnung" der besonderen Art, an sich binden, um es vor dem angeblich irdischen Bösen schützen zu wollen. Und wer ist dazu am besten geeignet? Na klar, nur der Priester, der Pfarrer und was sonst noch so in seltsamen langen und oft bunt schillernden Gewändern herumstolziert. In diesen plustern sie sich auf wie Vögel, die ihr Gefieder spreizen, um größer und furchteinflößender zu wirken. Umgangssprachlich wird der Begriff auch auf Menschen angewandt, die sich wichtigmachen, was bei den meisten Priestern der Fall ist. Sie sind fast vergleichbar mit den Paradiesvögeln im Regenwald, die ihr farbenprächtiges

Gefieder zeigen, um Eindruck zu schinden oder den Gegner in die Flucht zu jagen. Da fehlt ja nur noch der Federschmuck des Großen Paradiesvogels auf dem göttlichen Haupt. Schon mächtige Könige und Kaiser haben sich mit Federn geschmückt, warum dann nicht auch die Priester? Schließlich sind alle Geschöpfe, auch die Paradiesvögel, geschaffen vom Allmächtigen. Und denen dürfen sie getrost die Federn rupfen, um sich diese, passend zu den Prachtgewändern, gesponnen aus der Seide der Seidenraupen, an das Haupt zu stecken – wenn es sein muss, um Eindruck zu schinden. Einer der größten und beeindruckendsten ist der Raggi-Paradiesvogel, der auch den Namen „Göttervogel“ trägt. Oh wie passend für die heiligen Männer, um sich mit fremden Federn wie denen des Göttervogels zu schmücken!

Die meisten Priester tragen ihre maßgeschneiderten Messgewänder, ihren Priesterrock ganz sicher nicht, um eine Frau, die ihnen in den meisten Fällen eh nur lästig ist, zu beeindrucken oder sie zu umgarnen. Die Nachfolger der Apostel tragen die Hohepriesterinnenkleider, die einen Mann zu einem weibischen Priester machen, um sich angeblich zu Jesus und der von ihm niemals gegründeten Religion zu bekennen. Ja, Priesterkleider, schöne, bunte und teure Röcke, machen erhabene und verehrungswürdige Leute. Sogar zu Göttern – bereits hier auf Erden.

Unter einem „Macht-Pracht-Protzgewand“ kann man alles, was noch klein und hilflos ist, bestens beschützen und vor dem Bösen verstecken. Und die Kinderlein, die Kleinen, glauben das alles, da es in der Kirche all das Böse überhaupt nicht gibt. Ja, unter dem Rock versteckt sich gut ein(e) süße(r) Kn(G)abe, denn: „Proximus sum egomet mihi.“ (Ich bin mir selbst der Nächste.) Das zu Behütende

– der Bub, das Mädchen – muss darunter nur ganz still sein und sich gut an seinem Beschützer wie an seinem starken Vater festhalten. Und unter dem Rock des „Vaters“ befindet sich etwas, das der Beschützer ganz schnell zum Festhalten ausfährt. Ja, so sind sie, die Beschützer der Kinder. Immer lattenstramm und poppelfeucht, wenn sie ein Kind nach ihrem Geschmack entdecken. Bei diesem Kinde, wenn sie es mal in ihrer Obhut haben, kennt ihre Liebe keine Grenzen.

Ja, und damit man sich als Helfer in der Not, aber auch als kinderliebender Pater, Priester usw., immer wieder beweisen kann und darf, beten sie um steten Strom von Nachwuchs (formbares Frischfleisch) in ihrer Gemeinde. Sie segnen ihre fruchtbaren Gemeindeschafe, die dann die Kinder nach kirchlicher Überzeugungsarbeit fast schon freiwillig zum Opferaltar des Handauflegers schicken, damit er sie in die besondere, intensive, leibhaftige Liebe des Kirchenvorstehers einführt. Was diese meist gutgläubigen Eltern tun, ist fast schon wie russisches Roulette. O Herr, vergib diesen Gottesschafen und Böcken, denn sie wissen nicht, was sie tun bzw. wem sie das Kind ausliefern. Doch mit Gottes Segen bekommen die Priester usw. immer wieder das, was sie wollen, was sie so sehr begehren. Auch hier wieder ein fröhliches Amen und ein „Gepriesen sei ihr (gnadenloser) Herr“.

Anlässlich einer Priesterweihe hat ein Erzbischofs etwas gesagt, das ich inhaltlich wiedergebe. Aus seiner Sicht sind Priester *keine* Sozialarbeiter. Bei dieser Aussage sollte es jeden aus der Kirchengemeinde treiben. Alle haben es gehört und sind stumm geblieben. Vermutlich bezieht er alle, die die Priesterweihe erhalten und bereits erhalten haben, mit in diese Aussage ein. Als wenn ich das nicht schon lange selbst erahnt und auch bestätigt bekommen hätte – von vielen dieser geweihten, dieser elitären Männer im Bund Gottes. Mit der Aussage, dass Priester keine Sozialarbeiter seien, hat er genau genommen recht, denn die katholischen Kirchenmänner sind in einer großen Anzahl eher Schmerzensbringer. Die vielen Kinder und Jugendlichen, die in die Obhut der Priester gegeben werden, sollen rechtens erzogen werden, um in der Gesellschaft einen guten Platz zu finden, aber nicht für die Kirchenmänner zur Befriedigung ihrer Gelüste. Diese geweihten Schmerzensbringer sind eher als bösartige Krebsgeschwüre zu benennen – in der Mehrzahl zumindest –, denn sie bringen Angst, Schrecken und Leid über die Schwächsten der Gesellschaft – unsere Kinder.

Ja die Priester sind schon ein elitäres und oft auch sehr grausames Gottesgebinde. Sie haben es auch nicht nötig, sich zum Plebejer (gewöhnlichen, ungebildeten, ungehobelten Menschen) herunterzubeugen, um sich bei allen zu entschuldigen, denen sie Unrecht und Grauen angetan haben. Sie sind sich ja schon zu gut, um irgendjemandem aufzuhelfen, wenn man sie und deren göttliche Hilfe in Anspruch nehmen möchte. Da kommt eine Entschuldigung ebenso wie eine um Vergebung bittende Geste, wie man sie von Japanern kennt, denen man auf die Schliche gekommen ist, gar nicht in die Tüte. Sie sind keine Sozialarbeiter oder Bittsteller, sie sind Gesandte Gottes für sündige Kinder, denen man den Teufel austreiben muss, wo und wann immer, und da ist ihnen jedes Mittel recht. Und da sie angeblich wissen, wie teuflisch der Teufel ist und dass er Gutes zeigt, um Böses vollbringen zu können, ahmen sie das in Perfektion nach – auf Kosten von Kindern und jungen Heranwachsenden.

Es gibt Menschen, für die es umso schwieriger wird, die eigene hässliche Seite wahrzunehmen, je wichtiger sie sich wahrnehmen.

Missbrauch

Hochmut kommt vor dem Fall

Es gibt Vorwürfe von Kindesmissbrauch, und davon nicht wenige, und nicht immer nur von den Niederen der Kirche begangen. Nein, sie wurden auch von den Höheren in den oberen Etagen des Klerikerclans begangen. So auch von einem Kardinal, wie man in den Medien zu lesen bekam. Über das Geschehene, das Verbrechen, kann man auch heute noch im Internet einiges nachlesen. Die Missbrauchsvorwürfe reichen bis in die Mitte der Neunzigerjahre zurück. Der Kardinal, damals noch Erzbischof, soll sich nach einem Gottesdienst an zwei noch vorpupertären Sängerknaben vergangen haben. Einen der Jungen zwang er demnach zum Oralsex. Den Jungen soll er auch später noch mehrmals bedrängt haben. Als endlich bekannt wurde, dass er Knaben schändete, wurde er wegen sexuellen Missbrauchs von Minderjährigen verurteilt. Während seiner Zeit im Knast schrieb er einen Brief an seine Anhänger. Den genauen Wortlaut darf ich aus Sicherheitsgründen und dem Persönlichkeitsrecht nicht wiedergeben – schade. Inhaltlich handelt es sich in etwa darum, dass er einen Glauben an seinen Herrn (Gott) hat und dass dieser Glaube (s)eine Quelle der Stärke ist, aber auch, dass sein kleines Leiden, (im Knast unter „Männern“ eingesperrt zu sein), guten Zwecken dienen kann, weil er sein Leiden mit dem Leiden Jesu verbindet und dieser ihm eine neue Richtung weist. In welche Richtung ging die? Die zu neuen, anderen Kindern? Was ist mit dem großen Leiden der vergewaltigten Kinder? Welchen Sinn und Zweck verbindet er mit seinem Leiden, das guten Zwecken dienen kann“?

Oh, was bin ich froh! Teuflisch froh? Nein, das nicht, doch erfreut, dass diese heuchlerischen Worte ihn nicht vor dem Knastaufenthalt bewahrten. Und ja, endlich mal einer aus der obersten Riege des katholischen Klerus, den man dingfest macht, weil er seiner Gier nach Knaben freien Lauf ließ und sich an ihnen verging. Wie auch immer, er wird von mir bewusst für alle Sextäter des Klerus genannt und saß auch exemplarisch für die vielen Täter des Bösen, die das Gute predigen, gleichzeitig aber Grauen und Schmerz über andere bringen, und der oftmals Betroffene in den Tod treibt, um dem Erlebten, dem nie zu Bewältigenden endlich ein Ende setzen zu können. Und wenn die Leidensverursacher noch so oft mit Weihwasserduschen die Sünden von sich waschen wollen, wird ihnen das niemals gelingen. Auch dann nicht, wenn sie das Weihwasser literweise saufen, um ihre Sünden wegzuspülen. Die Sünden bleiben, ebenso wie das Kainsmal, für immer an ihnen haften.

Besagter wurde nach wenigen Jahren, aufgrund eines neuen Verfahrens aus der Haft entlassen und befindet sich seitdem wieder auf *Freiers* Füßen.

Oblati – Oblatae

Die Kinderoblaten. Pueri oblati (Puellae oblatae) waren Kinder, die schon in frühester Jugend von ihren Eltern in feierlicher Weise Gott geweiht und einem Kloster als Eigentum übergeben wurden. Dort sollten sie für das Ordensleben erzogen werden. Bereits kleine Kinder waren der Aufnahme fähig, und Waisenkinder sollten ohne Weiteres aufgenommen werden. Andere Kinder nur dann, wenn sie von ihren Eltern zugeführt und in Anwesenheit von Zeugen übergeben wurden. Im Schlafsaal durften nur ältere Mönche den Schlaf der Kinder überwachen, die in den nachfolgenden Jahren als „pueri oblati", also als „dargebotene Knaben", zu Mönchen ausgebildet wurden. Den Begriff des Missbrauchs gab es damals noch nicht, aber die „Reinheit" der Kinder galt als vorbildlich und musste bewahrt werden. Das galt natürlich ebenso für die „Reinheit" der Mönche. Diejenigen, die sich an den Knaben vergangen hatten, mussten Buße leisten. Und so manche der Ollen konnten ihre Gelüste nicht im Zaum halten, wenn die begehrten Knaben schon griffbereit vor ihnen lagen.

Frage: Ab wann gilt man als „älterer Mönch"? Erst dann, wenn man in einem Alter ist, in dem auch Viagra nicht mehr hilft, um einen „harten, spritzfreudigen Kerl" aus der Buchse springen zu lassen?

Was, es gab eine Zeit, in der der Begriff „Missbrauch" noch unbekannt war? Nannte man das Missbrauchen der Kinder vor der Zeit des Bekanntwerdens des Begriffes anders? Nannte man es „vergewaltigen", „notzüchtigen", „schänden", „malträtieren", „sich vergehen", „sich vergreifen", „den Körper entehren"? Zieht man einen sexuellen Vorteil daraus, am Körper eines Schutzbefohlenen, in diesem Fall an dem eines Knaben? Genau genommen waren die Buben keine Schutzbefohlenen, sondern nach Übergabe durch die Eltern Eigentum des Klosters. Nein, nein, das sage nicht ich, das war damals gängige Kirchenpraxis und kann in einschlägiger Literatur nachgelesen werden. Ähnlich wie die Tiere in ihren Ställen, die man dem Kloster überließ. Und mit denen konnte man schließlich machen, was man wollte. Sich auch mal mit ihnen „vergnügen" vor der Schlachtung und dem Genuss am „Buffet". Das taten sie dann auch mit ihrem „Eigentum" hinter den dicken

Klostermauern. Nach Gebrauch wurden die Jungen verhökert, denn der Nachwuchs an frischem und noch nicht benutztem (befummeltem) „Eigentum“ kam wie auf einem silbernen Tablett. An Nachwuchs für viele Freuden der abartigen Art mangelte es den Kirchen und Klöstern somit nicht. Und Gott heißt das alles gut!?

Völlig wurscht, wie man es nannte. Niemandem steht es zu, mit seinen Wurstfingern und/oder Schlapperlappen wehrlose Kinder zu vergewaltigen oder sich von ihnen befriedigen zu lassen. Auch nicht, wenn man sie zu gehorsamen und gefügigen Mönchen machen wollte. Kinder sind keine sexuell verfügbaren Wesen – für niemanden.

Nicht alle Knaben wollten Mönche werden oder waren dafür geboren, doch mussten sie bleiben und sich dem Grauen am Leibe aussetzen. Um festzustellen, ob einer der (Lust-) Knaben zu einem Mönch taugte, ließ man sich gerne viel Zeit, denn wer schon griffbereit im Bett lag, der wollte auch mal von seinen „Beschützern“ genossen werden. Und wer bereits verbraucht war, den schmiss man mir nichts, dir nichts aus dem Kloster und überließ ihn dem Teufel. So schaffte man Platz für Frischfleisch und hoffentlich gute Nachahmer der Riten und Sitten des katholischen Glaubens.

Und was hat es mit der angeblichen „Reinheit“ der Mönche auf sich? Mal ganz ehrlich: ganz wenig. Ausnahmen, ja gut, die gab und gibt es schon. Nicht jeder Geistliche (Mönch) ist ein Kinderschänder. Und die Strafen, die einen Sexualtäter im Talar erwarteten, waren und sind auch heute noch lächerlich.

Und wenn ein „böser Bube“ sich an einem Knaben im Mönchskonvent vergehen will, ist auch der Beichtstuhl kein Hindernis. Das Gitter zwischen „Beichtvater“ und

„Beichtkind“ wurde, vermute ich mal, eingebaut, um Berührungen zu verhindern. Und? Hat es geholfen?

Missbrauch in katholischen Einrichtungen

Es wird Missbrauch betrieben mit dem Missbrauch. Der Papst wird angegriffen, der Katholizismus verteufelt und bekennende Katholiken plädieren für Besonnenheit – und nehmen ihre Kirche in Schutz. Leider sind darunter auch ehemalige Internats-Kinderheimbewohner, die man vollends auf Linie gebracht hat.

Eigentlich wollte ich mich in diesem Buch nicht erneut mit dem Thema Kindesmissbrauch auseinandersetzen, doch hier mache ich eine (kurze) Ausnahme. Und warum? Weil ich von einer Person, die in einem katholischen Internat erzogen wurde nur positive Erfahrungen gelesen habe. Er hat regelrecht von dem geschwärmt, was er in dem katholischen Internat erlebt hatte. Zu dem Erlebten seiner katholischen Internatszeit – seiner Glorifizierung – sage ich nur: Schön, das freut mich für ihn, doch soll er bitte nicht so naiv sein zu glauben, dass er mit seiner positiven Einstellung nach seiner Erziehung im katholischen Internat andere davon überzeugen kann, dass er damit alles, was an Grausamkeiten, ob psychisch, körperlich und sogar in Kombination, bei der Vergewaltigung an Kindern geschehen ist, begangen durch Priester und deren kirchliche Helfer, mal schnell vom Tisch wischen kann. Genau das ist es, was ich durch seine blumigen Worten herauslese. Will er die vielen begangenen Verbrechen, die auch in kirchlichen Internaten geschehen, ungesehen machen? Glaubt er denn wirklich, alle anderen, besonders die Betroffenen, sind so blöde und lassen sich von seinem Geschwätz überzeugen? Ja, das glaubt er wohl, so meine Vermutung, tatsächlich. Für viele der Erzieher in Internaten und Heimen gibt es herrliche Zeiten, solange das, was so schön unter der Bettdecke und/oder unter der Dusche mit dem Auserwählten, dem Opfer abläuft, nicht nach außen dringt. Wenn man das Kind fest in seiner Gewalt hat – mit Drohungen und Schlägen bei Missachtung der ihnen aufgezwungenen Schweigepflicht –, ist alles schön und herrlich himmlisch.

Und warum bleibt er in der katholischen Kirche, wo er doch von den Missbräuchen an Kindern und Jugendlichen, begangen von kirchlichen Mitarbeitern, wisse? Vermutlich, weil er als Katholik zur Welt gekommen ist und katholisch erzogen wurde, und, dass alles was im Namen der Kirche und seines Glaubens geschieht, schon gut und richtig ist. Vermutlich wird er auch katholisch sterben. Wahrscheinlich mit einem Pfarrer an seinem Sterbebett und seiner letzten Beichte, damit er auch ganz sicher in das Himmelreich kommt, und das mit dem Wissen, dass seine geliebte Kirche viele Sünder beherbergt und noch immer schützt. Schützt vor der Strafe, die ihnen durch ihre Verbrechen leider nie zu Teil wurde. Der Weg in den Himmel wird abgesegnet mit einem geheiligten Kreuzzeichen auf seiner Stirn und ein paar Tropfen Weihwasser hinterher.

Vermutlich hat er auch noch gesagt, dass er sich die katholische Religion nicht ausgesucht habe. So wie das sehe, hätte er sich diese Religion selbst herausgesucht, um mit ihr, so wie im Internat, glücklich zu werden.

Dreht sich ihm der Magen nicht um, wenn er an die Missbrauchsfälle denkt, die unter dem Deckmantel der Kirche geschehen und geschehen sind? Stellt er sich diese Frage überhaupt? Sind das für ihn keine Verbrechen und keine Sünden, die nicht zu vergeben sind? Wie sieht er diese Verbrechen der verabscheuungswürdigsten Art?

Und jetzt kommt aus meiner Sicht eine Freisprechung für die Taten des Grauens, die die Kirche begangen hat. Folgendes habe ich gelesen. Die katholische Religion kann für begangenes Leid – die vielen Missbräuche an Schutzempfohlenen – nicht verantwortlich gemacht werden, auch wenn es immer wieder versucht wird. Waren das seine Worte?

Zumindest würde er erkennen, welche Sünden an den zu Beschützenden begangen wurden. Dennoch frage ich mich: Glaubt dieser Mann auch, dass man kirchliche Mitarbeiter die extremes Verbrechen begangen haben, dafür nicht verantwortlich machen kann? Sind es aus seiner Sicht immer nur die Weltlichen, aber nie und nimmer die Vergewaltiger und Schläger der Kirche, die unsägliches Leid über die Vergewaltigten und Geprügelten gebracht haben? Ob Gott ihm jemals sein Geplapper vergibt? Gott vergibt immer, heißt es, doch die Opfer wohl nicht – zumindest nicht alle, was zu verstehen ist. Und wenn ein Opfer vergibt, dann ist es ganz sicher ein besserer Mensch, vielleicht sogar ein besserer Katholik, als die Missetäter, denen für ihr Handeln kaum eine harte Strafe auferlegt wird und wurde. Da haben ihre mächtigen Herren schützend die Hand über ihre Mitarbeiter gelegt.

So, und jetzt ist es hier genug für mich, doch niemals genug, um nie wieder darüber zu reden und zu schreiben – von wem auch immer und wann auch immer.

Und damit ich nicht mehr der Ankläger bin, der der Kirche ins Handwerk pfuscht, sendet die Kirche einen ihrer radikalen Glaubensverfechter, um mich auszuschalten. Der Schnipser schnippt mit den Fingern, zeigt auf mich wie

Judas auf Jesus, und der Knipser, der schaltet mir dann für immer das Lebenslicht aus. Und das im Namen des Vaters, des Sohnes und des Heiligen Geistes. Wenn man mich dann endlich losgeworden ist, wird eine Kerze angezündet, damit ich den Weg in die Hölle finde, um mir dort mein Schandmaul zu verbrennen. Um meiner Person zu gedenken, werden sie ganz sicher keine Kerze anzünden.

Opfer oder Betroffene?

Die Bezeichnung „Opfer" für Betroffene, meist Kinder, von sexualisierter Gewalt ist aus meiner Sicht unangebracht. Als Opfer werden die Menschen gesehen, die bereits erwachsen sind und sich nicht zur Wehr setzen, weil sie es in ihrem bisherigen Leben nicht gelernt haben, sich gegenüber Angriffen von „Starken" (Schlägern) und „Mächtigen" zu behaupten. Hauptsächlich sind es aber Menschen, die alt und/oder behindert sind. Sie gelten als „leichtes Opfer". Bereits in der Kinder- und Jugendzeit gibt es Einzelne, die von Gleichaltrigen aus purer Lust gemobbt werden. Erst durch die Tat des Mobbens werden die vermeintlichen Opfer zu Betroffenen. Sie sind es, die das „böse Spiel" des Starken, des Mächtigen, des oder der Idioten zu spüren bekommen und extrem darunter leiden. Und wenn das Moppen nicht reicht dann wird Gewalt angewendet - einfach mal aus purer Lust heraus und um zu zeigen, dass man Macht über jemand anderen hat. Meist geschieht das bei den Schwächsten in der Gesellschaft.

Sind Kinder, die vergewaltigt wurden, auch als Opfer zu betrachten? Ja, aus meiner Sicht sind sie es, selbst wenn sie noch keine Übergriffe erfahren haben. Betroffene sind sie, wenn sie einem brutalen Übergriff ausgesetzt wurden. Sie haben nicht die Mittel zur Verfügung wie die Menschen in unserer Gesellschaft, die sich den Angriffen der Starken und Mächtigen entgegenstellen können. Kinder haben in unserer Gesellschaft kaum eine Lobby, und, ihnen fehlt es an starken Helfer. Es wird viel geredet, doch kaum etwas getan, um Schwache vor Schaden anderer (Schläger, Vergewaltiger) sofort und dauerhaft zu schützen.

Kinder verfügen über keine Möglichkeiten, um sich erfolgreich gegen einen sexuellen Übergriff zur Wehr zu setzen. Sie sind zu schwach, um einem Übergriff entgehen zu können. In dem Augenblick, in dem ein Kind oder ein Jugendlicher auf das Brutalste geschändet wird, handelt es sich um einen Betroffenen, und das, weil dieser junge Mensch klein und/oder schwach ist. Ihm fehlt die körperliche Möglichkeit, um dem unbeschreiblichen Grauen doch noch zu entgehen. Die vergewaltigten Kinder waren zunächst ein sichtbares, ein begehrtes Opfer und wurden durch den sexualisierten Übergriff schließlich zu Betroffenen. Sie wussten, ehe sie vergewaltigt wurden, auch nicht, dass sie in den gierigen, geilen Augen des Täters bereits als Opfer und Betroffene galten. Und so wurden aus begehrten und nichts ahnenden Opfern geschundene Betroffene, die nach der Tat oder nach mehrmaligen Übergriffen mit körperlichen und seelischen Qualen ihr Leben lang zu kämpfen haben.

Wie auch immer man diese Kinder bezeichnet – ob Betroffene oder Opfer –, sie schleppen großes Leid mit sich herum, weil ihnen das Grauen des sexuellen Übergriffes angetan wurde. Vielleicht betrachtet der Leser das soeben Vorgetragene als Wortspielerei, doch bei genauerer Überlegung erkennt er, was ich meine. Wenn jemand nicht das auserwählte Opfer ist, wird er auch zu keinem Betroffenen werden. Hier möchte man meinen, das man dann Glück hat, wenn man kein „Opfer“ ist.

In unserer Gesellschaft genießen die Stärkeren und Mächtigen meist großes Ansehen. Das gilt auch – leider – bei Mitarbeitern des kirchlichen Apparates, die in der „Schattenwelt ihr Unwesen (Kindesmissbrauch usw.) treiben. Sie sind es, die ohne Skrupel und Gewissensbisse vorgehen, weil sie die Macht dazu haben. Reue nach der Tat kennen sie nicht, denn das würde sie in ihrem Drang nach noch mehr „geliebten Körpern“ einbremsen. Es ist fast ein Wettbewerb unter den „Erfolgreichen und Mächtigen, fast schon Unberührbaren“, viele Kinder, auch Jugendliche, als eine weitere Trophäe zu „zeigen“ und damit prahlen zu können. Schilderungen ihres Tuns und wie sich das Kind erfolglos gewehrt hat, lässt sie im Ansehen der Gilde von Kinderschändern emporsteigen. Den Erfolgreichen wird Stärke und Macht über die „Geschundenen“ zuerkannt, was sie wiederum dazu anspornt, weitere Verbrechen an Schutzbefohlenen zu begehen, um ja nur weiter der Starke, der Überlegene, der Gewinner über Wehrlose zu sein.

Nicht selten gibt es, wie es sicher jedem Leser bekannt ist, diese Starken, Überlegenen, diese Gewinner über die „Schwachen“ in allen Gesellschaftsrichtungen und Einrichtungen. Und die Schwachen, ihre Schutzbefohlenen, die Kinder, deren Struller sie immer wieder polieren, sind dann ihre sexuellen Betroffenen, an denen sie ihren geilen Spaß haben. Ganz sicher aber nicht die Kinder!

Der kinderliebe Gott

„Und Mose wurde zornig über die Hauptleute des Heeres […] und sprach zu ihnen: ‚Warum habt ihr alle Frauen leben lassen? […] So tötet nun alles, was männlich ist unter den Kindern, und alle Frauen, die nicht mehr Jungfrauen sind; aber alle Mädchen, die unberührt sind, die lasst für euch (Anm. des Autors: für Sex bzw. für Sklavendienste) *leben.'"* (4. Mose 31, 3.7.9–10.14–15.17–18)

In Maleachi 3,6 sagt Gott von sich selbst: *„Denn ich, der HERR, habe mich nicht geändert."* Oder in Jesaja 48,12: *„Ich bin derselbe, ich der Erste und ich auch der Letzte."*

Sollte man zwischen dem alttestamentlichen Gott der Rache und dem neutestamentlichen Gott der Liebe unterscheiden? Nein, ganz sicher nicht. Gott ist immer derselbe. Es gibt keine biblische Unterscheidung zwischen einem Rachegott aus dem Alten Testament und einem Liebesgott aus dem Neuen Testament. Die Morde, die der grausame Gott der kreuzbraven Christen all den Kindern angetan hat, sind nicht zu verstehen und schon gar nicht zu verzeihen.

Und nun das Paradebeispiel eines gnadenlosen Gottes. Gefunden in der Bibel unter 2. Könige 2,23–24: *„Und er ging von dort hinauf nach Bethel; und als er auf den Weg hinaufging, da kamen kleine Knaben aus der Stadt heraus und verspotteten den Propheten Elias und sprachen zu ihm: ‚Komm herauf, Kahlkopf! Komm herauf, Kahlkopf!' Und er wandte sich um und sah sie an und fluchte ihnen im Namen des HERRN. Da kamen zwei Bär(inn)en aus dem Wald und zerrissen von ihnen 42 Kinder."*

Und Gott lässt nicht nur die spottenden Kinder töten, und

das auch noch auf sehr grausame Weise. Nein, er statuiert ein Exempel auch an denen, die womöglich gar kein Wort des Spottes gesagt haben. Doch dieser kinderliebende Gott hört auf den „Gehänselten“ und lässt die kleinen Knaben, die mit dabei waren, von zwei riesigen Bärinnen in Fetzen zerreißen. Ob diese Knaben auch gefressen wurden, ist nicht herauszulesen, doch das ist anzunehmen. Kein irdischer liebender Vater würde so grausam mit seinen Kindern verfahren, wenn er sie liebte. Aber der liebe Gott hat seine Kinder sogar zum (Auf-) Fressen gern. Wer weiß, ob man da den Gläubigen nicht nur einen Bär(inn)en aufgebunden hat, so wie man es auch heute noch tut. Damit tut man ihnen einen bärigen Gefallen, denn ihnen wird das Denken abgenommen.

Glaube macht krank

Die Botschaften des Evangeliums sollen freimachen, heißt es in den Schriften, doch manche Christen sehen sich von einem Spitzel-Gott kontrolliert und fühlen sich deshalb mies. Als wenn ich das nicht verstehen könnte. Was kontrolliert die Kirche nicht? Sie kontrolliert sogar den Staat auf äußerst subtile Weise. Da fällt es nicht schwer, auch die Gläubigen, ganz sicher aber die geweihten Männer und ihre Dienerinnen zu kontrollieren. Wenn ein Mann – ich nenne ihn mal „Herr X“ – in einem x-beliebigen Dorf über Jahre hinweg sein Wohnhaus täglich mehrmals auf mögliche Einstiegsmöglichkeiten, offene Fenster, unverschlossene Türen usw. hin überprüft, dann ist das gewiss als eine neurotische Störung zu werten. Es gibt Priester, die sich so, oder so ähnlich verhalten, damit niemand mitbekommt, dass man ein homosexueller Priester ist. Sie verschließen alles am Haus, damit niemand unbefugt eintritt und dann entdeckt, dass der Herr Pfarrer nicht „normal", im katholischen Sinne, geartet ist. Solche Ängste, vor der Entdeckung das man schwul ist, können den Alltag eines homosexuellen Priesters völlig dominieren und in panische Angstzustände versetzen. Hinzu kommt, dass es homosexuelle Priester gibt, die ihre homosexuellen Gefühle verleugnen oder sogar abtrainieren wollen. Hier frage ich mich, wie das gehen soll. In einer Selbsthilfegruppe für Schwule die „normal" werden wollen? Oder ein Coming-out, das es einem Priester ermöglicht seine Zwangshandlungen abzubauen, um ja nicht entdeckt zu werden, dass man schwul ist? Für mich ist das die bessere Lösung um mit seiner Homosexualität leben zu können, wenn auch nicht unbedingt in der kirchlichen Gemeinde. Zumindest aber kann man dann entspannter in den eigenen vier Wänden leben - mit oder ohne Partner.

Ja, der Glaube an den Christengott, der keine Schwule mag, macht krank, obwohl er, vermutlich versehentlich unter den Menschen auch Homosexuelle erschaffen hat. Doch der Christ mit einer „Störung" bleibt bei seinem Herrn, auch wenn dieser ihn durch seine Glaubensdiener straft, obwohl er ihn/sie (angeblich) mit Liebe erschaffen hat. Wie dumm muss man sein, bei jemandem zu bleiben, der einen fehlerhaft erschaffen hat und einen dann auch noch dafür straft, dass man sich durch diesen Fehler anders gibt, als es die Kirche will bzw. es der oberste Herr im Himmel befiehlt. Tja, Gott weiß auch nicht, was er will. Auch nicht, was er schafft, und dann wird es, wie er es nicht haben will. Oder wollte er es doch so? Und wenn es ihn nicht stört, was seine Schöpfung treibt? Wenn es ihm schnurz egal ist? Vermutlich ist es so, sofern es diesen

Menschenerschaffer überhaupt gibt. Was ich aber bezweifle.

Starre Gesetzestreue tötet

Manchmal wäre es angebracht, am Eingang einer Diözese oder einer Kirche ein Schild aufzustellen mit der Aufschrift: „Vorsicht! Wer hier eintritt, gefährdet seine Gesundheit."

Aus meiner Sicht ist es sogar dringend notwendig, denn dort saugt man jedem, der das Haus Gottes betritt, die Münze aus der Tasche. In allen Ecken, an sämtlichen Heiligenfiguren und Engelsmännern (Engelsweibern?) gibt es Opfer-Geldabgabeschatullen. Mit dezenten Hinweistäfelchen schürt man die Besorgnis, eine Sünde zu begehen, wenn man keine Spende in den Opferstock abdrückt. Schließlich gibt es den göttlichen, den unsichtbaren Heilsstrahl nicht umsonst. Dieser macht jeden Gläubigen gesund, wenn auch im Gegenzug bettelarm.

Wen die Kirche mal arm gemacht hat, weil er immer wieder mit vollen Händen gespendet hat, der kann nicht gesund leben. Da hilft auch kein Weihwasser, um wenigstens den Durst zu stillen. Warum? Weil Weihwasser ganz sicher kein erquickendes Quellwasser ist, das nicht so extrem verunreinigt ist wie eben genanntes Weihwasser. Weihwasser in den Kesseln der Kirchen kann töten, wenn man davon zu viel trinkt. Sind meine Worte eine Provokation?

Eine Provokation? Nein, die Kirche macht (auch) krank. Sie hält die Gläubigen klein und macht sie oft depressiv. Sie untergräbt Kreativität, Spontaneität, Freude und die Lust am Leben. Dies alles stets der Kirche in die Schuhe zu schieben, wäre ungerecht, mag und wird man sagen.

Wie aber sollen die folgenden Sätze bewertet werden? „Wenn du uns traurig machst, dann ist auch der liebe Gott traurig." Oder: „Wenn du nicht gehorchst, wirst du in die Hölle geworfen." Genauso wie: „Ich muss sterben, ich weiß nicht wann, ich weiß nicht wo, ich weiß nicht wie; aber das weiß ich: Wenn ich in einer Todsünde sterbe, bin ich verloren auf ewig."

In eine andere Richtung zielt das vermeintlich gute Argument: „So steht es in der Bibel, basta!" Dazu gesellt sich oft ein negatives Menschenbild. Vermittelt wird: „Du bist klein und unbedeutend, zählen tut nur Gott." Bewusst oder unbewusst wird so selbstständiges und mündiges Handeln verhindert. Die Betroffenen fühlen sich für alles schuldig, sehen sich gezwungen, sich permanent zu entschuldigen, selbst dafür, dass sie überhaupt sind.

Und wer am Ende doch stärker in seinem eigenen Glauben ist, wer also nicht den Christenglauben, den Christenwahnsinn in sich manifestieren lässt, den schmeißt man aus der Katholikengemeinschaft und überlässt ihn seinem Schicksal – welches allemal besser ist als die kirchliche Seelenvernichtungseinrichtung mit ihren menschenverachtenden Lehrkörpern, die ohne Seele und ohne Liebe sind.

In der Kindheit betonen die Eltern, die dem Gotteswahn verfallen sind, immer wieder: „Das aber reicht nicht für einen Platz im Himmel." Aufgrund ständiger vorgehaltener Unzulänglichkeiten ist das Kind irgendwann davon überzeugt, dass es Gott nicht genügt und deshalb ein Versager ist. Es glaubt dann auch, dass man sich nach dem Tode einer Vergeltung Gottes unterziehen muss.

Die Gottesdiener wollen keinen anderen Gott als den Gott der Vergeltung. Sie nehmen dabei keine Rücksicht auf

Kinder, die unbedarft alles glauben, was man ihnen jahrelang eingetrichtert hat. So schaffen sie es, die schwachen Menschen an sich zu binden und sie gefügig zu machen. Ja, bei den Schwachen im Geiste, da kann man der pervertierten Sünde getrost freien Lauf lassen – und zwar straffrei. Und Gott ist vorsichtig und hält es wie die drei Affen, die sicher jeder kennt. „Ich höre nichts, ich sehe nichts und ich sage auch nichts – ich habe ja von meinen irdischen Vertretern Redeverbot erhalten. Bei Nichtfügung werde sogar ich von denen vernichtet."

Diejenigen, die behaupten, auf Gott verzichten zu können, suchen oft nach Ersatz – welchen auch immer. Beruf, Sport, Sexualität, Natur oder Drogen sollen dann die Leere füllen, die einst von der Religion besetzt wurde. Und woher kommt diese Erkenntnis? Ganz klar, aus den Kirchenkreisen.

Alles andere ist immer das Bessere, wenn man nicht vom Christentum zerstört werden will. Und das Christentum zerstört auch heute noch die Menschen. Früher mit Knüppel, Schwert und Feuer, heute mit der Spitzfindigkeit der Worte, die das Hirn so lange martern, bis es leer und damit nur noch für das Befüllen von Gottesquatsch zu gebrauchen ist. Und wer das Füllhorn Gottes in sich ausgeschüttet bekommt, wird durch Gottesheilsmüll abhängig und krank gemacht. Diesen Müll kann man nicht verbrennen – man kann ihn auch nicht durch Hypnose umkehren oder mit anderem Gedankengut überdecken, um den Verstand des Menschen zu retten. Wer einmal seinen Verstand durch christlichen Unsinn verloren hat, der bleibt ein Geimpfter Gottes mit all seinen schädlichen Einflüssen, auch wenn man aus der Kirche austritt oder rausgeschmissen wird.

Ich bin ausgetreten, doch sehr vieles von dem, was mir göttlich Liebes eingeredet und eingeprügelt wurde, haftet noch heute tief in meinem Gedächtnis. Es ist unauflösbar in mir drin. Glück gehabt, so kann ich vieles von dem, was noch an selbst erlebtem und überlebtem Kirchenwissen vorhanden ist, dem Leser zukommen lassen.

Was mich aber auch stört, ist, dass man Beruf, Sport, Sexualität oder Drogen – welch ein Glück, dass es nicht „und Drogen" heißt – in einem Atemzug nennt. Die Drogen der Kirche befinden sich doch innerhalb ihrer eigenen Mauern und in den Reihen der Prediger. Sie treiben Sex auf Teufel komm raus, und das oft mit Menschen, die sich nicht wehren können. Die sie unter Druck setzen und bedrohen, wobei nicht nur der Körper, sondern auch der Geist und die Seele Schaden nehmen. Sie betreiben ihr unsägliches Handeln wie Sport unter Drogeneinfluss. Dabei sind die Unschuldigsten, die Schwachen – ja, ich meine damit die Kinder – ihre Drogen. Sie züchten sich diese in ihren Unterbringungen her und machen sie gefügig, bis sie tun, was man ihnen sagt. Und die Sturen unter ihnen, die ja wissen, wofür sie benutzt werden sollen, bekommen ihr Fett weg. Schlagkräftig und brutal, bis sie gebrochen sind und tun, was der geheiligte Mann – auch mal im Rudel – von ihnen will.

Was sind das eigentlich für Menschen? Hier nun meine Worte zu diesen gottesfürchtigen und brutal kinderliebenden Männern, die Macht lieben und alles dafür tun, um diese zu erhalten, sie an anderen auszukosten und sich an ihnen auszutoben.

Normalerweise sind es die eher Unsicheren und Ängstlichen, die das Bedürfnis haben, ihren Mangel zu kompensieren, indem sie Macht und Autorität anstreben. Dabei ist es ihnen egal, ob die Menschen, an denen sie sich vergehen, alt oder jung sind.

Dieses Verhalten ist wohl in dem Erziehungsstil zu suchen, dem sie in der Kinder- und Jugendzeit unterworfen waren. Oft sogar in einem Elternhaus, in dem der Katholizismus bis zum Extrem praktiziert wurde. Jedes Eck ein Herrgottswinkel.

Was führt die Menschen zu solch grauenhaftem Verhalten wie Kinder zu schlagen, sie zu missbrauchen, herablassend auf andere zu schauen und sie mit Worten und Gesten zu demütigen? Ist es der Mangel an Liebe, weil sie diese in der Kindheit selbst nicht erlebt haben? Ist es die eigene Leibesertüchtigung, die man ihnen während ihrer Reifezeit einprügelte? Oder war es das Herumkommandieren? War es das Katzbuckeln vor den Erwachsenen, auch vor Priestern, den Anbetungswürdigen der Kirche, die sie im Grunde verabscheuten? Waren es der Glanz und die Glorie der Mächtigen der Kirche, die in ihnen den Wunsch manifestierten, so werden zu wollen wie sie, mit der ganzen Machtfülle über andere? Ich weiß nicht, was all die jungen Menschen in die Hände der Kirche treibt, um Priester zu werden. Es kann doch nicht der Wunsch sein, unbedingte Macht über andere zu haben.

Für mich ist es sicher, dass viele der dort tätigen Männer im Talar nicht bereits machthungrig waren, als sie Priester werden wollten. Doch beim Eintritt in die Schule, in der die Ausbildung zum Lehrer stattfinden sollte, gaben sie an der Pforte ihre Menschlichkeit ab und wurden dafür in den vielen Jahren der Umerziehung des Geistes reichlich mit Machtgier belohnt. Leider machte sie dann das Schmecken von Macht erst so richtig süchtig nach noch mehr Macht.

Das Hungern nach ungebändigter Macht erlangten sie durch geschicktes Manipulieren des noch schwachen, unreifen und ungeschulten Geistes durch theologische Lehrmeister in den Priesterschulen.

Sicher existiert bei einigen der Priesteranwärter bereits vor Eintritt in den Priesterkonvent latente Gier nach Ruhm, Macht und Ehre. Doch dieses Verlangen wird bis zu ihrer Priesterweihe professionell in sie eingekerkert und kann niemals wieder entfliehen oder herausgerissen werden. So ist meine Ansicht hierzu. Und wenn auch mal der ein oder andere Pfaffe das Kirchengefüge verlassen hat, weil sie merkten, dass es sie ebenfalls krank machte, was sie anderen mit ihrer Machtfülle an Bösem angetan hatten, bleibt doch die Wurzel des Übels tief in ihnen. Auch wenn sie diese herausreißen wollen, so gelingt ihnen das nicht zur Gänze. Das Böse keimt immer wieder auf. Es hängt nur davon ab, wie es gereizt wird, bis der ehemalige Kirchenmann das Verlangen nach ausgelebter Macht verspürt und es schließlich befriedigen kann.

So zeigt sich die Macht auch im Leben nach dem Priesterleben immer wieder. Sie können nicht auf die Schnelle alles ablegen, sie werden immer wieder in altes und bewährtes Fahrwasser driften und der Macht, die sie noch immer schmecken und in sich spüren, freien Lauf lassen. Es kommt immer wieder darauf an, wie, mit wem und wodurch sie das Bedürfnis erlangen und schließlich der Meinung sind, die (latente) Macht ausleben zu müssen. Die kirchliche Macht über andere zu haben und ihnen großen Schaden zuzufügen, werden sie niemals wieder los. Das ist ihre Krankheit, gegen die es keine Pille gibt. Eine Hostie hilft da auch nicht. Und Gott? Der erst recht nicht! Vielleicht gibt es ja doch ein Heilmittel, allerdings bezweifle ich das sehr.

Es gibt auch heute immer wieder Gottesdiener – ob Mann, ob Frau –, die dem Ganzen entfliehen wollen. Nur wenigen von ihnen gelingt es. Das Kirchensystem, der unbedingte Gehorsam, alles zu tun, was man ihnen befiehlt, ist für sie irgendwann nicht mehr richtig. Sie erkennen den Wahnsinn, in dem sie leben und dienen, doch nicht um dem Menschen wirklich zu helfen, ihnen Gutes zu tun. Sie merken, was nicht richtig ist, und wollen dem entfliehen. Sie wünschen sich an einen stillen und friedvollen Ort, um sich in sich zurückzuziehen und sich so von dem ihnen auferlegten Diktat zu befreien. Ihr sehnlichster Wunsch wird es sein, einen realen Ort des Friedens zu finden, in dem sie nun selbst leben und wirken, wie sie es immer gepredigt haben. Sie wollen keiner Intrige, keinen Gelüsten und Aggressionen mehr unterworfen sein. Sie wollen frei entscheiden, wer sie sind. Sie wollen das wirklich Gute für den Menschen geben – auch wenn es ohne Gott sein muss. Sie wollen endlich wieder … leben!

Viele von ihnen scheitern, wenn sie sich einem Leben ohne Kirche hingeben. Sie wollen nicht mit einem Gott leben, dem sie sich einst unterworfen haben, weil er, als sie noch sehr jung waren, für sie ein Gott der Liebe war – den es aber in der Kirche, für die sie tätig waren, nicht gibt. Sie haben erkannt, dass sie diesen Kirchengott nicht mehr lieben und ehren können, und sind deshalb zu der Erkenntnis gelangt, dass es die richtige Entscheidung ist, aus der Kirche auszutreten.

Fast keiner der Priester ist in der Gemeinschaft der Diener Gottes frei. Für sie gibt es nur Schichten von Hierarchien und die dazugehörige Unterwerfung gegenüber den Oberen. Ganz sicher gibt es noch viele mehr unter den

Priestern, die gerne dem Grauen entfliehen wollen, doch die Angst vor Verlust des „schönen Lebens“ ist zu groß. Auch die Angst zu versagen beeinflusst ihr Denken und Handeln, dort zu bleiben, wo es ihnen nicht gefällt, wo ihnen jedoch ein sicheres Leben garantiert ist. Und so gewinnt die Kirche die Herrschaft über ihre Diener – bis in deren Tod hinein.

Der Psychoanalytiker Sigmund Freud hat die Religion als „kollektive Zwangsneurose“ eingestuft. Er benennt sie sogar als krankhafte Störung. Und was macht die Kirche? Sie behauptet, dass verschiedene Studien das Gegenteil beweisen. Sie sagt, Glaube mache häufiger gesund als krank und die Religiosität sei der Psyche grundsätzlich zugetan. Aha, und das soll nun jemand glauben? Wer von den netten, religiösen Menschen ist weniger alkoholabhängig, weniger depressiv? Sie sind optimistischer und zufriedener mit ihrer Ehe. Durch die Religion, so sagen die geheiligten Männer, sind die Gläubigen stärker im Hier und Jetzt verankert. Gelobt sei da Jesus Christus und wer sonst noch alles!

Mit dieser Behauptung halte ich es wie mit der Konstantinischen Schenkung, um nur mal ein „angebliches“ Geschenk an die Kirche zu benennen. Die Konstantinische Schenkung ist eine Fälschung – was die Kirche zwar nicht mehr leugnet, aber verschweigt, getreu dem Motto: Das muss ja nicht jeder wissen! Die Kirche verändert Tatsachen so lange, bis es für sie passt. Vermutlich auch bei der eben gelesenen Kirchenbehauptung, dass religiöse Menschen nicht unter einer Störung leiden, also die gesünderen Menschen sind. Ja, der Glaube verhilft bei vielen zu vielem, wenn man nur will. Aus meiner Sicht ganz gewiss nicht zu der Freiheit eigener Entscheidungen in Gedanken, Worten und Taten.

Außerirdische

Außerirdische Kreaturen

Bei dem folgenden Artikel könnte man meinen, es handle sich um ein Drehbuch für eine Satiresendung des Vatikans. Die mögliche Existenz außerirdischer Lebewesen wird aus Sicht eines Paters und Astrophysikers nicht infrage gestellt.

Angesichts der geschätzten Zahl von einhundert bis zweihundert Milliarden Galaxien – neueste Berechnungen ergeben, dass es über zwei Billionen Galaxien gibt – rechne er mit der Möglichkeit, dass es neben der Erde weitere Planeten mit intelligenten Wesen gebe, bekundete der Leiter der päpstlichen Sternwarte in einem verbreiteten Interview der Vatikan-Zeitung „Osservatore Romano". Auch diese wären dann Geschöpfe Gottes, so seine Ansicht. Weiterhin sagt er: *„Wenn wir irdische Kreaturen als Bruder und Schwester betrachten, wieso sollten wir dann nicht auch von einem ‚außerirdischen Bruder' sprechen können?"* Was, außerirdische (katholische) Brüder? Vielleicht auch Schwestern?

Eine weitere Frage war: Was wäre, wenn die Außerirdischen Sünder seien. Seine Antwort lautete: *„Theologisch gesehen könnten Wesen auf anderen Planeten ohne Christus auskommen."* Vorausgesetzt natürlich, sie seien *„in voller Freundschaft mit ihrem Schöpfer"* geblieben.

Was ist, wenn sie, die Außerirdischen, nicht (mehr) in Freundschaft zu Christus sind? Nun, ich vermute mal, dass man sie, wenn man zu ihnen gelangen sollte, ausmerzen und den Planeten mit ein paar Bömbchen in die Luft sprengen würde, damit ja niemals wieder Geschöpfe dort leben, die ohne Gott existieren wollen. Das käme einem

Frevel gleich, und das duldet der allmächtige Gott nicht. Ja sag a mal, wie kopfkrank muss man sein, solchen Quatsch zu verkünden, und dann noch im Namen eines imaginären Gotteswesens? Noch dümmer geht's nimmer, möchte man da meinen. Doch weit gefehlt, es geht immer noch dümmer mit den Christenfreaks, wenn sie derartigen Wortmüll von sich geben. Ich muss mir da schon sehr auf die Zähne beißen, um nicht irgendeinem Christen eine Wendeltreppe in den Hals zu knabbern.

Jesus wurde von seinem Vater nicht auf verschiedene Welten geschickt. Er kann also den Außerirdischen nicht erschienen sein. Oder doch? Jesus kommt ja von Gott, und Gott ist nicht von dieser Welt; er erschuf sie, lebt und wirkt aber anderswo. Wo auch immer das sein mag – und sei es nur in den Köpfen der Menschen. So ist Jesus dann doch ein Außerirdischer, was aber nicht automatisch bedeutet, dass er auf andere Außerirdische gestoßen ist, weil sein himmlischer Papa ihn auf weitere Planeten – wie auch immer diese aussehen mögen – geschickt hat, um seine angeblich göttlich-liebevollen Worte zu verkünden, wie er sie uns Erdenmenschen verkündet haben soll. Egal, irgendwie werden sie, die Fremdplanetler, die Barmherzigkeit Gottes, wenn diese auch mal bei ihnen ankommt, hoffentlich nicht auch genießen müssen.

Die Bibel, so bekräftigt der vatikanische Sternwartenmitarbeiter, sei kein wissenschaftliches Buch. Es ist eher eine Art Liebesbrief Gottes an die Menschheit. Und mit den potenziellen Brüdern, den Außerirdischen, tut man sich, damit meint er seine Kirche, schwer, diese mit in die Schöpfungs- und Erlösungsgeschichte des Alten Testaments zu integrieren.

Ist jemandem aufgefallen, dass er von „potenziellen Brüdern“ – den Außerirdischen – gesprochen hat? Und was ist mit den „Schwestern“? Die braucht es nicht, so wie er sie auch auf Gottes Erden nicht braucht.

Wer die Bibel als Liebesbrief anerkennt, dem muss sie so lange auf den Kopf geklopft werden, bis ihm das wenige an Verstand aus dem Brain bröckelt. Kein Mensch mit Verstand – ein Unbefleckter vom Grauen des Christentums – wird die Bibel als eine Liebesschrift erkennen und anerkennen.

Wer den Gott der Christen kennt, das Alte Testament auch nur ansatzweise gelesen hat und dazu noch das widersprüchliche Neue Testament – auch hier nur im Ansatz –, der merkt sehr schnell, dass man den Gott der Christen nicht kennenlernen will – was ganz sicher zur Erhaltung des Friedens beiträgt. Besonders des Friedens in sich selbst.

Und was ist, wenn die Außerirdischen einen anderen Schöpfer haben? Was will dann die Kirche dagegen unternehmen? Na was wohl: Vom Vatikan werden in diesem Fall massenhaft Umerzieher auf den – mal wieder – heiligen Weg (Kreuzzug) geschickt, um die betreffenden Wesen zu Christen zu machen. Koste es, was es wolle, und sei es ihr Leben, das sie bis dato ohne den Christengott geführt haben.

Menschen sowie Außerirdische – wenn es welche gibt – können ohne Christus und sein Gefolge auskommen, auch mit oder ohne eine Freundschaft zu einem Schöpfer, wer auch immer das sein mag. Und da der Mensch für einen Priester nur eine Kreatur ist, sogar ganz sicher.

Zusatzinfo: Rund dreißig Mondkrater tragen die Namen von alten Jesuiten-Astronomen. Der Mond gehört also bereits den Jesuiten. Ein Gesteinsbrocken für Gott, damit er gleich in deren Nachbarschaft residieren kann. Und wer baut seinen Tempel auf? Die Kirchensteuerzahler. Aus, basta!

Starb Jesus auch für Außerirdische?

Ist Jesus auch der Messias der Vulkanier, der Klingonen, der Gremlins oder der von Shrek und E.T.? Müssen gute Christen nackt sein oder sich eine Tonsur ins Haupthaar rasieren lassen? Solche Fragen wurden tatsächlich in theologischen Kreisen diskutiert – mit dem faszinierenden und eher erstaunlichen Ergebnis, dass Jesus Christus „für alle" gestorben ist. Damit bezieht man vermutlich auch Fremdweltler mit ein – wenn es sie denn gibt. Wie viel Weihrauch muss man eingeschnauft haben, um auf eine solche Frage zu kommen? Wohl kesselweise! Immer gut gefüllt mit hirnzerstörendem Weihrauchharz.

Die Nacktheit im Mittelpunkt

Unter dem Titel „Ostentatio genitalium" beschäftigte sich ein Hobby-Kunsthistoriker mit der Nacktheit Jesu. Na toll! Auch Franz von Assisi beschäftigte sich mit dem bloßen Körper Jesu: *„Nudus nudum Christum sequi."* Er warb damit, dem nackten Christus nachzufolgen.

Bereits mittelalterliche Zeitgenossen des Ordensgründers fanden diese Auslegung seltsam. Franz von Assisi ist der Namenspatron des aktuellen Papstes Franziskus, und da stellt sich für mich die Frage, wann sich dieser seiner Gewänder entledigt, um Jesus Christus zu folgen. Warum hat der Namenspatron des Papstes so etwas eigentlich gesagt? Dafür muss es doch einen Grund geben, oder? Müssen gute Christen dann auch blankziehen, wenn sie Jesus folgen wollen? Nun, um Jesus folgen zu können, müsste er erst mal wieder auf die Erde zurückkommen, was er wohl tunlichst vermeidet, weil er mit seinen jetzigen Anhängern nicht mehr auf gleicher Geisteslinie kommen würde. Bei seinem Dad ist er besser aufgehoben. Hier auf Erden würde man ihm eh nicht mehr zuhören.

Bei der Darstellung der Nacktheit Jesu geht es darum zu zeigen, dass er kein geschlechtsloser Engel war, sondern ein Mensch – wenn auch keiner wie du und ich. Schließlich ist er der Sohn Gottes, und das hebt ihn von allen anderen Menschen gehörig ab – auch was die angebliche Schönheit, wie es die Christen stets behaupten, betrifft. Und Jesus hat besonders herausstechende Merkmale, wie es die Kirche nicht nur den Gläubigen verkündet.

Was wird ein Außerirdischer denken, wenn sich seltsam verhaltende Erdenwesen vor einem an ein Stück Holz gepinnten Mann stehen oder knien und ihn laut „anquatschen"? Dass sie ihn, diesen Mann am Kreuz, beweinen oder anbeten, das würden sie nicht erkennen, da ihnen so etwas fremd ist – nehme ich zumindest an. Was denken Außerirdische überhaupt angesichts dieses fast nackten Mannes am Kreuz? Die Reaktion wäre vermutlich ein kurzes „Kopfschütteln" oder ein „Augenaufschlag", und weiter geht es mit der Übernahme der Erde. Den irdischen Gott würden sie gewiss nicht annehmen – den schicken sie zum Teufel.

Und was hätte man damals beziehungsweise müsste man

heute einem ans Kreuz genagelten Mann anziehen, damit es nicht zur Erregung öffentlichen Ärgernisses durch Nacktheit kommt und sich bei dessen Anblick keine geile Erregung zeigt? Was wäre, wenn Jesus wiederkäme und man ihn abermals (fast) nackt ans Kreuz nageln würde? Schamesrot würden viele anlaufen, und gschamige Weiber würden ihren Rock um den Lendenbereich Jesu wickeln, da man das Gemächt, den Samenspender des Göttlichen, nicht sehen darf. Andere – egal ob Mann oder Frau – würden seine göttliche Nacktheit mit Händen greifen wollen. Sie würden sich ihm ganz hingeben. Und Jesus würde sagen: „Kommt und liebt mich, so wie ich euch liebe." Welch herrlichere Einladung des Gottessohnes kann es denn da noch geben? Doch in unserer heutigen Zeit werden Menschen nicht mehr gekreuzigt, und wenn doch – selbst wenn Jesus Christus darunter wäre, den wohl niemand in der Menge erkennen würde –, würde man diese(n) nicht fast nackt an ein Kreuz pinnen. Heute dürfte jeder bei seiner eigenen Kreuzigungsfeier sein Hemd und seine Hose anbehalten. Zu Jesu Zeiten ging das nicht, da es noch keine Hosen – weder kurz noch lang – und Hemden, wie wir sie kennen, gab. Windelähnliches für gestandene Mannsdrümmer gab es damals schon – glaube ich zumindest.

Wie hätte Jesus mit einer modischen, zerrissenen Jeans am Kreuz ausgesehen? Eventuell noch mit einem nass geschwitzten Muskelshirt? Wahrscheinlich außerirdisch cool. Den Gedanken könnte man doch mal umsetzen, und wenn es nur ein Gimmick (Werbegeschenk) wäre, etwas möglichst Ungewöhnliches, Auffallendes, was die Aufmerksamkeit aller auf Jesus lenkt. Ich stelle mir gerade vor, wie die jungen Gläubigen in Scharen die Kirchenhallen stürmen, um ihn im neuen Outfit am Kreuz zu sehen. Und vor dem Kreuz stehen seine offenen, ausgelatschten Sneaker.

Oft wird Jesus am Kreuz gezeigt, von Künstlern, die entweder bereits zu blind sind, um zu sehen, was sie da schaffen, oder gegenüber der Schönheit blind eingestellt sind. Häufig ist Jesus als Sohn Gottes am Kreuz nicht mehr zu erkennen. Man mag fast meinen, da hängt eine Mumie, ein Krüppel am Kreuz, und nicht eine Person, die für andere geopfert wurde. Und mit solchen oft grauenhaften Darstellungen dankt man Jesus, dass er sich geopfert hat, um die Menschen von ihren Sünden zu befreien.

Jesus soll doch das Schöne des Gottvaters sein, aber nein, das, was man sieht, wenn es um Jesus am Kreuz geht, ist meist eine verkrüppelte, halb verhungerte und zerflederte Person – Gottes Sohn. Ich glaube, dass man ganz bewusst solche Darstellungen Jesu auf dem Kreuz zeigt, um zu symbolisieren, wie sehr er gelitten hat, als er sich für die Menschen kreuzigen ließ bzw. sich kreuzigen lassen musste. Aber mal ehrlich, ganz so martialisch müsste Jesus am Kreuz nicht gezeigt werden. Für mich ist eine solche Darstellung abschreckend und ich empfinde sie nicht als förderlich, um an das Gute Gottes und das der katholischen Kirche zu glauben.

Kein liebevoller Vater würde seinen Sohn an ein Kreuz nageln lassen. Doch der Gott der Christen tat genau das. Was ist das nur für ein Vater? Es ist der Vater aller Christen, ein (doch) gewaltvoller Gott?

Ganz schlimm finde ich die Figur auf dem Geh-, Stütz- und Prügelstab des Papstes. Darauf ist, so heißt es, das figürliche Ebenbild Jesu befestigt. Für mich sieht dieses „Ebenbild“ eher wie eine außerirdische Kreatur aus, als wollte man damit den Betrachtern zeigen, was einem Außerirdischen geschieht, wenn er unsere Erde besucht und sich nicht dem römisch-katholischen Glauben mit all seinen Zahlungen unterwirft.

Vor 2000 Jahren wurde Jesus gekreuzigt, und viele Jahrhunderte hat man ihn, den Gemarterten des kirchlichen Glaubenswahnes, auch figürlich auf ein Holzkreuz genagelt und dies in den Kirchenhäusern gezeigt. Das ist aber längst aus der Mode gekommen. Mittlerweile meißelt man die Jesusfigur in/auf Stein oder schmiedet sie an ein Eisenkreuz. Und was noch schlimmer ist, was mir aber egal ist, man klebt die Jesusdarstellung mit einer Heißklebepistole auf ein Plastikkreuz und segnet dieses Irgendetwas als plastische Verkörperung Jesu. Das nennt die Gottesgemeinde dann einen selig- und heilsbringenden Jesus am Kreuz. Auf manchen dieser Kreuze vermutet man eher einen Außerirdischen – wobei ich nicht weiß, wie ein Außerirdischer aussieht – oder einen geschundenen Jesus am Kreuz, der in der Sonne trocknet und eher einem zerknitterten und notleidenden Zwetschgenmanderl gleicht, aber ganz sicher keinem Jesus aus vergangenen Zeiten.

Auch wenn niemand – ich wiederhole: niemand! – weiß, ob es Außerirdische gibt und wie diese aussehen könnten, existieren im Vatikan sicher schon Vorstellungen, was mit ihnen zu geschehen hat, wenn sie eines Tages auf die Erde kommen. Und Mitarbeiter des Vatikans haben Vorstellungen – diese sind aber (sicher) nicht göttlich schön.

Bei der Kunst, welche die Kirche oft durchgehen lässt, frage ich mich – ebenso wie wohl viele andere, ganz sicher auch Gläubige –, ob die predigenden Diener solch verunstalteten, am Kreuz hängenden Jesus mit Absicht durchgehen lassen, um sich selbst ein Abbild Gottes und seines Sohnes zu schaffen. Und was ist mit dem Außerirdischen des Himmels, dem Sohn Gottes? So viel wissen wir schon mal – behaupten die (neuen) klerikalen Wesensschaffer. Wir schaffen unser eigenes Bild eines Gottessohnes, denn nur wir wissen, wie Gottes Sohn aussieht. Hierzu nur mal ein Blick auf die Fratze des Teufels, den sie doch so arg verabscheuen, oder etwa nicht?

Und was hier auf Erden gut funktioniert hat – nämlich das Unterjochen der Menschen –, wird ganz sicher auch bei Außerirdischen funktionieren. Koste es – auf Kosten der Gläubigen natürlich oder der Steuerzahler allgemein –, was es wolle. Und wenn wir, die Boten des Todes und der Knechtschaft, zu ihnen kommen, wir, die Raubritter mit dem Verstand einer hohlen Kokosnuss, dann werden wir sie dort unseren Bedingungen unterwerfen. Amen.

Papst Franziskus und die Marsmännchen

Eine Predigt von Papst Franziskus aus einer Frühmesse ging um die Welt. Franziskus predigte, dass Christen offen sein und nicht die Türen verschließen sollen, die der Heilige Geist öffnet. Der Papst fragte sich mal, was geschehen würde wenn eine Gruppe von grünen Marsmännchen mit langen Nasen und großen Ohren auf unsere Erde kämen, so wie Kinder sie gerne malen – und eines von ihnen um die Taufe bittet, wie dann darauf reagiert werden würde? Hier frage sogar ich: Ja, was würde dann passieren? Das Marsmännchen würde in sein Luftgefährt steigen, so schnell wie möglich davonsausen und nie wieder zurückkehren.

Wie auch immer man zu dem vatikanischen Erforscher nach Außerirdischen stehen mag, ich habe mich recht köstlich amüsiert, als ich seine Erklärungen der außerirdischen Brüder usw. gelesen habe. Besser kann eine katholische

Science-Fiction-Satire nicht sein. Sie fügt sich damit perfekt in das Kapitel über „Humor im Christentum“ ein.

Wie sieht Gott aus?

Wie Gott aussieht, weiß niemand. Nun, bei der ewigen Zeit, die seit damals vergangen ist, bleibt auch Gottes Aussehen nicht ohne Spuren. Sein Alter wird nachempfunden durch ein zerfurchtes Gesicht und einen schlohweißen Rauschebart. Auch weiterhin sitzt Gott in seinem himmlischen Palast – immer noch auf seinem Thron oder bereits im Rollstuhl? Im letzteren Fall ist sein himmlischer Palast zu einem „Rollpalast“ geworden. Jaja, und schon wieder gehen mit mir die Gäule durch. Und über Gott spottet man nicht, denn sonst straft er einen dafür – laut Kirche. Ich denke eher, dass Gott mein Wortspiel gefällt und er darüber schmunzelt. Ganz sicher wird er mich dafür nicht strafen. Jetzt und in alle Ewigkeit nicht. Da können sich ein Papst und seine Gesellen aufregen, so viel sie wollen. Sie haben nichts zu melden, wenn ich Gott mit Humor ein Schmunzeln entlocke und er es gutheißt, dass ihm endlich jemand zutraut, Spaß zu verstehen. Auch wenn es auf seine Kosten geht – sollte es ihn geben.

Warum starb Jesus wirklich?

Und nun die wahre Geschichte vom Tode Jesu – wie sie mir im Vertrauen und unter höchster Verschwiegenheit zugetragen wurde.

Jesus war nicht von Anfang an ein Prediger, sondern begann sein Wirken als Zimmermann, der Holzmöbel herstellte – ganz wie sein irdischer Papa, von dem er adoptiert wurde. Leider wollte niemand seine Echtholzmöbel kaufen, und so zimmerte er sich ein Andreaskreuz und ließ sich, weil er total gefrustet war und Schulden bei den Holzfällern und seinen Brüdern hatte, darauf kreuzigen. Seine Brüder, die Fischer waren und vom Fischfang lebten, hatten ihn jahrelang durchgefüttert, weil er kein Geld mit seinen Holzmöbeln verdiente. Und den Fisch, den konnte man wenigstens essen, jedoch nicht die Bretter, die Jesus für seine Möbel verwendete. Jede andere Erzählung ist ein Märchen, wie die meisten Erzählungen, die man vom Christentum her kennt.

Sex

Gottes gesegnete Verhüterli

Damit mir auch jeder glaubt, dass das, was jetzt gleich zu lesen sein wird, kein Hirngespinst meinerseits ist, bitte ich, wie bei allen anderen Themen, über die ich recherchiert und geschrieben habe, sich selbst im Internet davon zu überzeugen. Nicht dass man ein extra für mich angepasstes Verhüterli herstellen lässt, weil ich Unwahres verkünde, und mir dann ein Scherge und Hüter der Geheimnisse des Vatikans dieses Verhüterli über den Kopf stülpt, um mich zum Schweigen zu bringen – in Gottes Namen natürlich. Es gibt bereits genügend, die (vermutlich) verhüten – äh, verhindern – wollen, dass ich wortfreudig, tiefsinnig und nadelstichhaltig im kirchlichen Sumpf und klerikalen Fleisch herumstochere und damit das Grauen hervorhole.

Katholische Pax-Bank investiert in Kondome

Bei der katholischen Pax-Bank stehen Investitionen auf dem Index, die unethisch sind. Dazu gehören Aktien von Rüstungskonzernen oder Hersteller von Kondomen. Ja, die Hersteller von Kondomen oder Antibabypillen stehen auf dem Index, auch wenn die Kirche ihre Tütchen an den Mann bringen will.

Jetzt ist mir klar, warum man nicht will, dass man (weltliche) Kondome benutzt. Sie stören die heiligen Geschäfte. Die geheiligten Kondome haben, wenn alles in der Produktion glatt läuft, kleine Schlupflöcher für klein beschwänzte Spermien. Man braucht schließlich die Menschen Jahre später als Kanonenfutter für Atom-U-Boote, Kampfflugzeuge, Panzer und so weiter und so fort. Und da die heilige Kirche an dem Kanonenfutter beteiligt ist, was sie sicher lautstark verneint, produziert sie – auf Umwegen natürlich, denn Gottes Wege sind unergründlich – ihre eigenen Nachwuchsverhinderungstütchen. Die mit den Schlupflöchlein, damit das Feuerwerk der Freude, der Kirche, auch wachsen und gedeihen kann. Sie ähneln einem Kaffeefilter, bei dem darf auch nur das Gute durch.

Der Gotteskindererbringerstengel darf seine Freude haben, aber aus kirchlicher Sicht nicht in einem Plastiktütchen ohne einen Ausgang für den Abgang. Aber ein Verhüterli, eines, das nicht aus der Vatikanproduktion ist, also eines ohne zweites Löchlein, nein, das geht ja überhaupt nicht! Sex mit einem Verhüterli, das das Erbringen von Gotteskindern verhindert, ist kirchlich nicht erwünscht. Kirchlich erlaubte Kondome haben stets zwei Löcher. In das eine Loch kommt etwas hinein und aus dem anderen kommt, so Gott will, etwas heraus. Es ist wie mit der Wurst, die zwei Enden hat. So auch der Eingang für den spritzig Standhaften und den Ausgang für das Losgelöste – für Gott und die Kirche.

Warum, so frage ich mich, unterhält eine Firma, die dem Vatikan gehört, in Italien eine Kondomfabrik, in der sogar am „heiligen Sonntag" gearbeitet und produziert wird? Weil man den Pimmeln der Gläubigen Gutes tun will. Milliarden von Christen müssen versorgt werden – und wenn es nur der „Kleine Christ" im Hoserl ist. Und Nichtgläubige gleich auch noch. Die merken erst nach mehreren Wochen, dass beim Akt mit dem vatikanischen Gummitütchen etwas nicht in Ordnung war, weil etwas ungewollt danebenging. Aus der Sicht des Herstellers war aber alles in bester Ordnung. Gott sei's gedankt.

Und warum gibt es Verhüterli des Vatikans? Um auf der kirchlich sicheren Seite bleiben zu können, lässt man gesegnete und geheiligte Tütchen mit kleinen Löchern herstellen, damit sich nicht nur die Verhüter der Nachkommenschaft freuen, sondern auch Gott, wenn – huch, was ist da geschehen? – das Weib schließlich doch schwanger wird. Allen, die ein Lümmeltütchen benutzen wollen, um Spaß ohne Folgen zu haben, rate ich, zuerst an den neuen Kondomen zu riechen. Es kann ja sein, dass man, ohne es zu wissen, ein Päckchen Kondome aus der vatikanischen Verhütungsherstellungsfabrik gekauft hat. Ich vermute jetzt mal, dass diese kirchlich geförderten Kondome nach Weihrauch riechen, da sie von einem Bischof in der Produktionsstätte gesegnet werden, ehe sie auf den Markt kommen, um dort für ungewollten Nachwuchs zu sorgen. Ob der Segner mit dem Stab, dem Weihwasserwaschl und dem Weihrauchkübel eines dieser Tütchen aus der Produktionsstraße selbst testet, ist mir allerdings unbekannt. Das sollte er aber tun, um auf Nummer sicher zu gehen, da ihn sonst der Teufel holt beziehungsweise Gott ihn zum Teufel schickt, wenn bei dem scheinbaren Verhütungsprodukt etwas schiefgelaufen ist und das Verhütungsmittel dann seine Bestimmung zur Gänze erfüllt – es also verhütet. Gepriesen sei dann, im Namen Gottes, der Hersteller.

Und plötzlich kam mir die Überlegung, wie solch ein Kirchenverhüterli, das nichts verhüten soll, in seiner Beschaffenheit ist, da man laut der katholischen Kirche beim Akt ja keine Freude am Vergnügen bis zum spritzigen Höhepunkt haben darf. Somit ist mit einem löchrigen Schutzmäntelchen laut Kirche gewährleistet, dass der Akt des Geschlechtsverkehrs weiterhin der Kirchendoktrin entsprechend zu rein reproduktiven Zwecken stattfindet. Erst danach findet die eigentliche Verhütung statt.

Wer von den gläubigen Sündern doch ein Samenstoppmäntelchen über seinen Schniedl stülpt, der muss einen kirchlichen Schutz für seinen Strammen nehmen. Denn schließlich soll ja was dabei rauskommen, mit Händen und Füßen, am liebsten mit einem Pipi, um den priesterlichen Nachwuchs zu sichern. Es soll schließlich keins der kostbaren Spermien an die Gummiwand gesprotzt werden, bis diese nur noch lebloser, klebriger Matsch sind. Gewiss würde es Gott nicht gefallen, wenn man seine Kleinen so ins Jenseits befördert. Deshalb lassen ja die lieben Menschen im Vatikan millionenfach Pip(p)inische Schenkungen, das geheiligte vatikanische Hart-Nudelsieb (Kondom), mit der Garantie für spritzige Freude, letztlich doch Kinder gezeugt zu haben, auf den Markt bringen. So kann jeder Nutzer in dem Glauben leben, verhütet zu haben, ohne wirklich verhütet zu haben. Und Gott und seine Schergen sind glücklich bis hinter beide Ohren angesichts der vielen neuen Gottesanbeter.

Manche Kondome haben Noppen. Haben die kirchlichen Verhüterli diese ebenfalls? Noppen vielleicht nicht, aber dafür etwas ganz anderes, etwas ganz Besonderes – etwas Heiliges. Die Samenverteilstopper haben heilige Dornen, um beim Akt nicht Freude, sondern Schmerz zu empfinden, bis das Blut für Gott und seine Familie fließt – kann ja sein, oder? Für die Sadomisten wäre das ihr immerwährender himmlischer Akt auf Erden – und der Vatikan hat dazu beigetragen. Mit Absicht? Wer weiß das schon. Und wer weiß, was sich hinter den Mauern der Gotteseinrichtungen für Spielstätten befinden, in denen man Gott auf besondere und aktive Art näherkommen und die Verhüterli ausgiebig auf ihre Vollkommenheit testen kann. Für Gott geben die Gottesanbeter, die Benutzer, „gerne“ ihr Blut. Schließlich hat sein Sohn sein Blut für die Menschen gegeben. Nein, nicht bei einem – dem – „Akt ohne Freude“. Falls sich jetzt jemand denkt, was denn das war, was er gerade gelesen hat, dann möchte ich daran erinnern, dass es Büßergürtel gibt. Mit Dornen auf der Innenseite, die sich tief in das Fleisch bohren, wenn man diesen Gottesgürtel am Oberschenkel trägt. Besonders beliebt bei den Anhängern des Opus Dei. Wer sich über diesen Bußgürtel informieren möchte, der wird im Internet fündig.

Jetzt noch eine Anregung für das Episkopat und dessen spritzig-coole Mitarbeiter im Rock: Wissenschaftler des Futura Medical haben ein Kondom erfunden, das mit einem speziellen Gel namens Zanifil überzogen ist. Dieses enthält Nitroglyzerin (auch als Sprengstoff bekannt), das neben seiner explosiven Wirkung als gefäßerweiternd gilt, da es die Blutzufuhr verbessert. Mehr Blut fließt in den Penis und die Erektion dauert länger an. Da freut sich doch jeder heilige Mann mit einem sprengstoffbeladenen Gel in seiner Spritztüte – beim Akt mit wem auch immer. Wollen die Männer der Kirche nicht auch mal kraftvoll ihre(n) angestaute(n) L(Fr)ust loswerden? Bei einem (un-) geliebten Weibe? Jedoch bitte ich darum, nicht über die (Samen-) Stränge zu schlagen.

Erstaunliches (A do schau her)

Im 4. Jahrhundert wurden alle Kleriker ihres Amtes enthoben, die sich der Leibfeindlichkeit schuldig gemacht hatten. Es steht geschrieben, auch im Internet zu finden – wie geil: *„Wenn sich jemand der Speisen oder der Ehe enthält,* *und zwar nicht aus Askese, sondern aus Abscheu oder weil er vergessen hat, dass Gott die Schöpfung gut gemacht hat, und blasphemisch die Schöpfung schlecht nennt, so lasse er sich eines Besseren belehren oder ist abzusetzen."*

Wenn das heute noch so gehandhabt werden würde, dann gäbe es keine klerikalen Sünder mehr. Das waren noch Zeiten. Da durfte sich der Kleriker mit dem Weibe vergnügen – um Gott Kinder zu schenken.

Wenn die Oldies des Klerus schon in den ausgelatschten Bahnen der Leibesfeindlichkeit unterwegs sind und selbst die Unterbumb'm (Unterhose), Buxe usw. beim Duschen und Baden anlassen, damit er sein Dingdong mit Glöckchen im Säckchen nicht sieht, dann verstehe ich nicht, warum man den Freudenspender für einen Geschlechtsakt nicht mit einem Gummitütchen verhüllen darf. Damit verhüllt der Mann für die Frau seinen Spender, und das müsste doch den Klerusmann erregen – vor Freude über das nun Geschützte am Mann. Und was bitte soll die Frau verhüllen? Die Antwort darauf könnten mir die Denker des vatikanischen Verbergergremiums verraten.

Langt der Gottesmann beim Baden oder Duschen sein „Gemächt mit Gehänge" überhaupt an und wäscht es auch? Ne, der schaut sich das Zeug nicht einmal an. Er macht es so, wie wir Jungs es in der katholischen Kinderheimzeit beim Duschen machen mussten. Wir duschten in der Badehose, und die Klosterschwester kam mit dem Seifenspender zu jedem von uns und spritzte – äh, träufelte – uns etwas davon in die Hand. Die Duschseife aus dem Spender sah aus wie Sp... Mit dieser Seife langten wir uns dann, von der Klosterschwester weggedreht, in die Badehose, um damit das Mäxchen mit den kleinen Gaggerln im Säckchen zu waschen. In die Badehose hineinsehen durften wir nicht. Was das Sich-selbst-Anlangen betraf, das durften wir zumindest beim Waschen. Wir durften dabei nur kein Gefühl verspüren. So kurz wie möglich musste das Reinigen des sündigen Körperteiles vonstattengehen, damit niemand darin einen Verdacht des Fummelns in der Hose hegte. Prüde, prüde und nur noch prüde. Nicht zu vergessen: Dem anderen durfte beim Waschen nicht in das Höschen geschaut werden – auch nicht für einen Größenvergleich. Das Schlimmste, was einem Jungen beim Reinigen seines Geschlechtsteiles geschehen konnte, war, dass er aufgrund der Berührung einen „Auferstandenen“, einen „Erweckten“, einen „Standhaften“, einen „Großen“, einen „…“ bekam. Dafür kriegte er, wenn es die Nonnentrachtträgerin erblickte, kräftig eine gelangt. Mitten ins Gesicht. Das „Ja pfui Deife!“ und „Du Drecksau!“ kam dann auch noch lautstark aus ihrem Munde. Natürlich versuchte man sich wegzudrehen, damit niemand sah, was sich an einem erregte, doch seltsamerweise hatten Nonnen (oft) Augen wie Adler. Sie sahen alles, auch das, was sie nicht sehen sollten. Was sie nichts anzugehen hatte. Doch die Aufsichtspflicht gegenüber den Knaben zwang sie wohl, alles erblicken zu wollen – oder zu müssen? Vielleicht sogar aus reiner Begierde – wer weiß das schon. Unter den Jungs waren auch geschlechtsreife, und bei denen, da sah man, was groß werden konnte, auch mal beim Reinigen des zu Verdeckenden. Des angeordneten zu Verdeckenden.

Nun, ihr Gehemmten des Geheiligten, warum erlaubt ihr nicht euren Gläubigen die freie Liebe, um Gott zu danken, dass er auch ihnen die Liebe mit gefühlten Freuden gegeben hat? Warum etwas unbedingt verhüllen, wenn es doch so schön ist? Okay, nicht bei allen ist es so. Und wenn jemand etwas umhüllen will, dann soll er es aus freiem Willen tun und nicht, weil es kirchliche Prüderie von ihm verlangt.

Reicht ihnen ein Elastotütchen zum Verhüllen nicht, wenn man dem kirchlichen Wunsch des Verbergens seines „Freundes“ nachkommt, weil es den erregten Großen in der Tüte doch noch erkennen lässt? Ist ihr klerikales Denken wirklich so verkrustet, was den menschlichen Körper und das damit einhergehende Reinigen betrifft? Auch frage ich mich, warum man etwas von Gott Gegebenes verhüllen sollte. Wir kommen nackt auf die Welt und nicht bedeckt um den Geschlechtsbereich herum. Jeder Mensch sollte selbst entscheiden, ob und wann er etwas verhüllen will. Das Verhüllen des Körpers darf nicht geschehen, weil es bei den ollen Zombies der Kirche eine ausgeprägte Leibesfeindlichkeit gibt, die sie immer wieder zum Ausdruck bringen.

Folgende Worte des Allmächtigen führten zu dem Kondomverbot und dem Beischlaf bei einem geliebten Manne. *„Wenn jemand bei einem Manne liegt wie bei einer Frau, so sollen immer beide sterben.“* Na, da schau einer aber an. Gott wusste, dass seine Schöpfungen homosexuell sein konnten und es auch sind. Nachzulesen ist das alles im 5. Buch Mose, Kap. 12–26.

Christliche Demütigung der Frauen

Erklärung, und von mir Gelesenes, zum „Aussegnen“: Das Spenden dieses Segens wird auf dem Judentum entstammende Reinigungsrituale zurückgeführt. Im Judentum galt eine Frau nach einer Geburt, ebenso wie nach der Menstruation, mehrere Tage als „unrein". Sie durfte das Heiligtum nach der Geburt eines Sohnes erst nach 40 Tagen, nach der eines Mädchens nach 80 Tagen wieder betreten.

Im Christentum war die Ansicht weit verbreitet, eine junge Mutter habe sich nach der Geburt einige Zeit von der Kirche fernzuhalten und bedürfe, um die Kirche wieder betreten zu dürfen, der Reinigung und Entsühnung.

Eine Verpflichtung zur rituellen Reinigung bestand nicht. Man berief sich auf Papst Gregor den Großen, der in einem Brief betont hatte, die Frau sei nicht zu verurteilen (non judicanda), wenn sie sofort nach der Geburt zur Danksagung die Kirche beträte und die Kommunion empfange. Doch der Gedanke der Unreinheit ließ sich nicht (mehr) verdrängen. So geschah es, dass die Frau durch den Zeugungsakt und die Geburt ihres Kindes „unrein" wurde und sich, wenn sie das katholische Kirchenhaus wieder betreten wollte, unwürdigen Ritualen unterziehen musste.

Hier mal ein kleiner Einblick in das, was sich die Priester an Unverschämtheiten einfallen ließen und was eine junge Mutter, die doch nur den Geboten Gottes und der Aufforderung des Kinderkriegens nachgekommen war, erdulden musste. Dabei hatte sie nur ihre Pflicht getan, indem sie einem Kind das Leben schenkte.

Die Demütigungen, denen die Frauen ausgesetzt waren, waren oft ein Hirngespinst der Kleriker, die damit ihre Macht demonstrierten. Auf Knien mussten die Frauen für die Aussegnung im Kirchenschiff zum Altar rutschen. Die Sakristei durfte nicht betreten werden.

An manchen Orten war es einer Wöchnerin nach der Niederkunft bis zur Aussegnung nicht einmal erlaubt, ins Dorf zu gehen, um Einkäufe zu erledigen. Es schien, als wäre sie die wandelnde Sünde höchstpersönlich.

Das Aussegnen sollte ein alter Muttersegen sein, ein Willkommensgruß für die junge Mutter, eine Erholungszeit von der Niederkunft. Sie war der Pflicht entbunden, in die Kirche zu gehen, sollte daheim so etwas wie Ruhe haben, doch die katholische Kirche machte daraus ein Demütigungsritual. So entstand ein weiteres teuflisches Spiel der Herren der Kirche, das sie mit den Frauen begingen – und noch immer begehen?

Was wäre den Frauen geschehen, wenn sie ihrem Manne ein Elastotütchen auf den kleinen Manne gestülpt hätten? Wie auch immer, sie wären dennoch vor dem Herrn ehrlose Sünder gewesen, denn bei einem Tête-à-tête ohne Zeugungsakt ist man in der katholischen Kirche ein Sünder. Und wenn man doch dem Allmächtigen Kinder schenkt – auf Befehl natürlich –, dann sind die Frauen ebenfalls Sünder, und zwar durch ihre Unreinheit, da sie bei der Geburt Blut verlieren. Wie sie es machen, machen sie es falsch – aus der Sicht der Kirchenherren.

Viel geschmäht ist die Tatsache, dass junge Mütter nach der Geburt ihres Kindes nach hinten in die Kirche zum Pfarrer kommen mussten, der sie „aussegnete“, damit sie wieder am Gottesdienst teilnehmen konnten. Faszinierend, dass dieser Brauch erst dann als deutliches Anzeichen der Diskriminierung der Frau und der Sexualität gewertet wurde, als niemand mehr verstand, worum es eigentlich ging!

Endorphinausschüttung für den Glauben

Sex mit kirchlichen Gegenständen

Jetzt komme ich zu einem erregenden, stimulierenden Thema. Es geht um sexuelle Handlungen mit kirchlichen Gegenständen. Wenn mich nicht alles täuscht, nennt man das Hierophilie. Und diejenigen, die sich mit kirchlichem Insignien (Kreuze, Weihrauch, Rosenkränze, Seidengewänder, Kelche, Kerzen usw.) befriedigen, nennt man dann folglich Hierophilisten. Sie treiben es auf der Kirchenbank, über dem Taufbecken oder im Beichtstuhl, vermutlich auch mal während des Gottesdienstes. Sex in der Kirche bis zum spritzig-freudigen Höhepunkt, ja, das ist es, was sie richtig geil macht – vermute ich mal. Doch wen interessiert schon, wie man diese besondere Art des sexuellen Vergnügens auf Latein nennt. Die Handlung ist es doch, auf die es ihnen ankommt.

Zu den beliebten Gegenständen gehören auch mal Nonnen- und Priestergewänder. Sex findet gewiss auch auf der Kanzel oder an der Orgel, gern auch im Priestergewand statt. Sicher gibt es Hierophilisten, die für ein Stelldichein nachts in eine Kirche einbrechen.

Zu diesem außergewöhnlichen Fetisch kann ich nur sagen: Die einen reiben sich an der Kirche auf, andere reiben sich an der Kirche beziehungsweise an deren Insignien. Und dabei haben sie noch ihren Spaß. Ja, warum denn nicht!? Und an wem reiben und vergnügen sich die Kirchenherren? Na an wem wohl? Oft – zu oft! – an ihren Schutzbefohlenen, den Kindern.

Kann es sein, dass die Neulinge im Talar deshalb Priester wurden und werden – von mir aus auch junge Mönche –, weil sie diesen Fetisch in sich tragen und ihn auf diese Weise mit ihresgleichen in den Konventen und Klöstern ungestüm ausleben können? Na ja, warum nicht, oder? Dafür gibt es doch alle Arten von Fetisch: um sich … zu befriedigen. Warum nicht auch mal mit (teuerem) kirchlichem Ramsch? Das Schöne daran ist, dass sich an diesem „Ausleben“ auch Ungläubige und Andersgläubige beteiligen können. Es muss ja nicht immer alles in der „Heiligen Familie“ hinter dicken Mauern bleiben. Des Weiteren ist es auch Frauen erlaubt, sich in männlich-heiligen Frauengewändern zu amüsieren, im und mit einem Rudel von gesegneten Männern jeden Alters.

Flagellation

Das Auspeitschen, auch Flagellation genannt, ist das Zufügen körperlicher Schmerzen durch Schläge mit einer Peitsche, einer Rute oder einem Rohrstock. In der Religion wird – beziehungsweise wurde – die Flagellation als Strafe praktiziert.

Das Auspeitschen gilt auch als Sexualpraktik. Deren Anhänger bezeichnet man als „Flagellanten“, doch sollte man sie nicht mit den religiösen Geißlern verwechseln. Eine schwächere Form ist Spanking, das weniger auf körperlichen Lustschmerz als auf sexuelle Dominanz und erotische Rollen- und Erziehungsspiele angelegt ist.

Der Vorgang der liturgischen Selbstgeißelung geht aus dem Liber ordninarius des Klosters St. Jakob in Lüttich hervor: Der Mönch, der sich geißeln lassen wollte, bat einen Priester, dies durchzuführen. Dann setzte er sich hin, machte den Rücken frei und betete dreimal das Confiteor.

Während der ersten beiden Gebete antwortete der Priester mit Miseratur tui und schlug mindestens dreimal zu. Beim dritten Mal sprach er das Indulgentiam, die Kurzformel der priesterlichen Absolution, und abschließend das Absolve Domine. Danach folgten noch einmal drei Schläge. Jeder Mönch durfte täglich um drei solcher Bußsitzungen bitten. Der Text betont, dass der Geißelnde gehalten war, nicht zu fest zuzuschlagen. Dieser ritualisierte Vorgang war auch Vorbild der privaten Selbstgeißelung in der Zelle. Auch sie war vom Gebet begleitet. Daraus entwickelte sich allmählich eine eigene Liturgie: Die 1617 approbierten Regeln des Ordens der Hospitaliter von San Giovann di Dio schrieben vor, dass sich die Mitglieder jeden Freitag die Disziplin geben, ausgenommen in der Osterzeit oder an Freitagen, die hohe Feiertage sind. Im Advent und in der Fastenzeit mussten sie sich dreimal in der Woche geißeln. Die Geißelung verlief nach folgendem Schema: Nach der Matutin und den Laudes für Maria fand sie im Betsaal oder in der Kirche statt. Man sang den Psalm 6 und fiel dabei auf die Knie. Dann wurden alle Lichter gelöscht. Anschließend hielt der Prior eine kurze Ermahnungsrede über den Sinn der Geißelung. Nach kurzer Wechselrede folgte eine lateinische Lesung, in der die Geißelung Jesu thematisiert war. Dann begann die Geißelung, wobei das Miserere und das Gloria Patri, De profundis und Requiem aeternam, der Introitus der Requiem-Liturgie, gebetet wurde. Dem folgten drei Bittgebete für die Mitglieder des Ordens, alle Gläubigen und die ganze Menschheit. Der Prior beendete die Geißelung schließlich durch Händeklatschen.

Hui, wer von denen, die auf Sadomaso stehen, will das nicht auch mal erleben dürfen? Wenige der Kirchgänger sind das ganz sicher nicht, die sich ein Sündenbefreiungsweekend gönnen. Und all das „Erlösende“ findet hinter dicken Klostermauern in den Verliesen des Grauens aus dem Mittelalter statt? Wo auch noch Blutspritzer der nicht zum Spaß Gefolterten an den Mauern zu sehen sind und heißes Wachs von den Kerzen tropft – auch mal auf den nackten Körper des „Sündenbefreiungssuchenden“? Schließlich soll es ja heiß hergehen. Ja, das muss schon ein ganz besonderes Erlebnis sein, denn sonst würden nicht so viele daran teilnehmen – wollen. Und das Züchtigen des „Gast-Mönches“ erfolgt auf besonderen Wunsch dann knallig-schnalzig auf dem Popo des „Sündigen“, des Bußsuchenden? Was kostet wohl so ein klösterliches Wellnessvergnügen mit Spezialbehandlung des sündigen Körpers? Ganz sicher bekommt man das Sünderblutvergießen, das Gottesvergnügen, nicht für ein Ave Maria.

Aus meiner Sicht reicht bei den Damischen auch schon eine echt bayrische Bockfotz’n oder ein fetter Schlag mitten auf ihre Gewürzgurke, dass es diese auf halb vier dreht. Wahrscheinlich gefällt ihnen das dann auch noch, so pervers, wie die veranlagt sind. Wahre Christen lieben die Schläge, woher auch immer diese kommen. Ja, sie sind wahre Märtyrer.

Dass alles veranlasst mich zu der Frage, ob jeder Mensch nur dann ein Christ ist, wenn er Schmerzen hat – am besten unsagbare Schmerzen. Und haben die guten, die sich selbst kasteienden Christen deshalb Menschen immer wieder Schmerzen beigefügt und tun das auch heute noch, um aus ihnen Christen zu machen? Frei nach dem Motto: „Nur ein leidender, ein mit Schmerzen geplagter Mensch wird zu einem Christen“? Das erinnert mich an Mutter Teresa, die sagte, dass der Schmerz gottgewollt ist, weil Gott jemanden aus Liebe „küsst“ und man deshalb Schmerzen hat.

Und jetzt erst recht sollte man solche Dummschwätzer windelweich prügeln. Ihnen ihren Glauben herausprügeln. Sie so verdreschen, wie sie andere oft bis zum Tode geprügelt haben, weil sie nicht an Gott glaubten und es auch nicht wollten. Das sind/waren aber nicht die einzigen Gründe, weshalb sie anderen Schmerzen beifüg(t)en. Um Christgläubige zu schaffen, veranstalten sie, auch heute noch, wahre Prügelorgien. Und nur mal so zum Spaß, um sich auszutoben, meist an Kindern, erfanden sie immer neue Gründe, um ihre Taten zu rechtfertigen, ihre Opfer zu prügeln, bis sie am Boden lagen und sich nicht mehr rührten. Kein Schreien um Gnade hielt sie davon ab, auf die kleinen Körper einzuschlagen. Ich weiß, wovon ich schreibe. Hiebe aus Liebe erhielt ich viele, sehr viele. Und das alles in Gottes Namen – Amen. Hauptsache, sie konnten sich wie Untiere verhalten, und das mit teuflischem – äh, christlichem – Vergnügen. Das hatten sie gewiss in Mengen. Und Mitleid? Nein, das kannten und kennen sie nicht. Ein Schläger kennt kein Mitleid.

Ist das Schlagen von Kindern auch ein Fetisch der frommen katholischen Kirchenmänner und Klosterfrauen? Vermutlich ja, denn für alles gibt es einen Fetisch, den sie gerne für sich in Anspruch nehmen, um ihre Gelüste auszuleben. Dabei schrecken sie nicht einmal zurück, auch Kirchliches zu verwenden (die Bibel zig Male auf den Kopf des Kindes schlagen), um an ihr erregendes Ziel zu kommen.

Gender

Fundstück aus dem Internet: *„Die Genderideologie ist ein Problem für die Kirche, das man eliminieren muss."* Laut Schätzungen leben in Deutschland rund 80.000 Menschen ohne klar bestimmbares Geschlecht.

Vom obersten Christen stammt das Zitat: *„Die Genderideologie ist dämonisch!"*

Priesterlicher Kommentar zum Thema Gender

Für einen österreichischen Prälat gibt es die Genderideologie. Damit steht er sicher nicht ganz allein da. Sie ist für ihn weltweit gegenwärtig, vor allem in der sogenannten hochentwickelten Welt. Doch, so ist es für ihn erkennbar, fehlt es dieser Ideologie an Vernunft. Die Kernthese dieser kranken Ideologie ist aus seiner Sicht das Ergebnis eines radikalen Feminismus, den sich inzwischen auch die Homolobby angeeignet hat. Behauptet wird, was ihn sehr verärgert, dass es nicht nur Mann und Frau, sondern auch andere Geschlechter gibt. Und noch mehr hat es ihn verärgert, dass jeder Mensch sich sein Geschlecht selbst wählen kann. Es fällt ihm auch schwer zu glauben, dass die Genderideologie von Regierungen und Promis vertreten und mit viel Geld verbreitet wird. Ganz schlimm ist es für ihn, dass diese kruden Gender-Ansichten in die Lehr- und Erziehungspläne der Kindergärten und Schulen aufgenommen wurden. Und darüber ist er ganz besonders erbost, denn Kinder sollte man damit nicht und niemals etwas davon erzählen, um sie nicht mit Ungöttlichen zu verderben. Für ihn ist die Gender-Pädagogik eine psychische Form sexuellen Missbrauchs. Des Weiteren sagt der Kirchenmann, dass, wer an die Genderideologie glaubt, was mit dem Christentum nichts zu tun hat, der soll sich in psychiatrische Behandlung begeben. Um seine Wut und seinen Zorn weiter zu verkünden, wohl mit dem Herumgehüpfe wie von Rumpelstilzchen, gibt er noch in einem Buch den Rat, wie man seinen Verstand in Ordnung hält, um nicht der Genderideologie zu verfallen. Die vielen von ihm besuchten Kurse in seiner jahrelangen Priesterausbildung, unter anderem auch: „Priesterverstand lahmgelegt“, hat er wohl schon vergessen, weil lahmgelegt. Sie haben ihn auch von der Menschlichkeit entfremdet.

Bei dem Genderthema gibt es für ihn nichts zu lachen, denn, so sagt er, dass die Ideologien des Gender die Menschenrechte verletzen. Ich glaube, dass er die Kirchenrechte und nicht die Menschenrechte meint. Die Ideologien der Gender sind, so sagt er, eine ernst zu nehmende Bedrohung, weil sie die Elternrechte, ebenso wie die Rechte der Kinder missachten. Außer Acht lässt er dabei die Bürger, die mit ihren Steuern Genderprogramme mitfinanzieren. Wohl auch ganz gewollt. Woher weiß er, so lese ich es heraus, dass sich alle Bürger darüber ärgern, Steuern auch für Gender zu zahlen? Er behauptet zudem, dass man den Menschen durch die Genderideologie vorschreiben will, wie sie zu schreiben und auch zu reden haben, um nicht der sozialen Ächtung ausgesetzt zu werden. Gut dass er nicht auch noch behauptete, dass die Gender vorschreiben, wie und mit wem der Mensch zu schlafen hat - Sex mit einbezogen.

Nun, was das Ächten betrifft, kennt er sich ganz sicher bestens aus, denn die Religion, die er so vehement und menschenverachtend und mit vielen Grausamkeiten gespickt gegenüber den Menschen vertritt, die nicht in das katholische Weltbild passen, wird sehr oft zu Recht geächtet. Was ihn ja jetzt mit einbezieht.

Netterweise sagt bzw. schreibt er, dass jeder Mensch die Freiheit haben soll zu entscheiden, ob er Mann oder Frau sein will oder „homosexuell" oder sonst etwas, auch wenn man bis vor Kurzem noch alles, was nicht als „normal" galt, für eine psychische Störung hielt, die es zu therapieren galt. Ob er sich da mit einbezieht, was die Therapie betrifft? Eine Aussage ist, dass man alle zwingen will, das abstruse Gendermärchen ohne jeglichen Sinn für wahr zu halten. Hier irrt er sehr, denn nicht jeder wird gezwungen. Doch da macht er keine Ausnahme. Er schert alle über einen Kamm, und das muss passen, ob man es will oder nicht. Ich will es nicht! Und ganz sicher viele andere auch nicht. Von mir aus predigt er seine Hassworte in der Kirche bei seinen bigotten Besuchern, er soll es aber bitte unterlassen, alle in (s)einen Topf zu schmeißen.

Der Prälat stellt auch die Frage, ob es ein wirklich „selbstbestimmtes" Geschlecht gibt. Er behauptet, dass die Erfahrung – und da frage ich mich, welche – ein klares Nein ist. Er gibt zu, dass es Transvestiten schon immer gab, ebenso wie Männer, die eine Frau sein wollten. Ach wie nett, sich so gnädig zu zeigen. Und was ist er, dass er sich so äußert? Männlein, Weiblein, Neutrum? Heute, so sagt er, kann man sie sogar operieren. Na toll, dass er das weiß! Doch im selben Atemzug sagt er, dass keiner der Betroffenen wirklich denkt, dass nach der OP der betreffende Mann wirklich eine Frau sei und nicht nur ein verstümmelter Mann, und andersherum. Bei ihm trifft beides nicht zu, wenn er tagtäglich in Frauengewändern herumläuft, wie ein Mann spricht und seine Erleichterung auf dem Männerklo verrichtet. Oder gibt es in seinem Hause ein WC mit einem geschlechtslosen Abbild an der Türe?

Und weiter geht es mit den absonderlichen Versuchen, sich zu rechtfertigen, warum dieser ach so gottesfürchtige Mann gegen die Gender-Ideologie ist. Er behauptet auch, dass jeder Mensch weiß, dass weder der Mensch noch ein Arzt oder „die Gesellschaft“ ein solch absonderliches Wunder vollbringen kann, aus einem Jungen ein Mädchen oder aus einem Mädchen einen Jungen zu machen. Der Bischof sagt auch, dass ein „Mädchen“ , das vor der Geschlechtsumwandlung ein Junge war, nach der erfolgten OP später verzweifelt um ein „Zurück“ gekämpft habe. Verstümmelt, wie er war (man beachte das „er“), hat er Selbstjustiz begangen! Ja, mit einer solchen Anekdote beeinflusst man die Menschen und schürt Abscheu vor dem Wunsch einer Geschlechtsumwandlung. Er vergisst wohl, dass viele Menschen nach einer solchen Operation ein glückliches Leben führen. Glücklicher als ein Leben in einer verlogenen Gemeinschaft. Und welche meine ich damit?

Der gute Gottesmann sagte auch, er kenne zwei solcher „Frauen“, die Männer „waren“, aber beide bereuen, was sie getan haben, und seien zutiefst unglücklich! Sorry, aber das glaube ich ihm nicht. Vermutlich hat er so lange auf sie eingeredet, bis sie, um ihre Ruhe zu haben, ebendiese Aussage trafen. Wie aber steht er zu Frauen, die sich zu Männern umoperieren lassen wollen? Vermutlich erfreut es ihn, denn in jedem dieser Fälle gäbe es zwei Männer mehr, die Dienst am Altar erbringen könnten. Na ja, bei dem Massenschwund an Gläubigen kein Wunder. Weiterer Zynismus kommt in seinen folgenden Worten zum Vorschein. Auch die beste Operation – hier meint er die Geschlechtsumwandlung – bleibe ein Zirkustrick. Ähnlich einem Zauberer der einen Hund von hinten in eine Kiste steckt, dann sein Hokuspokus-Verslein spricht und dem Zuschauern eine Verwandlung des Hundes in eine Katze verspricht, die dann vorne aus der Kiste hüpft. Als würde das noch nicht an böse ätzenden Vergleich reichen, fügte er hinzu, wie es wäre, wenn der Künstler selbst in seine Zauberkiste steigt, und nach einem Zauberspruch mit einer blonden Perücke, Büstenhalter und Stöckelschuhen wieder heraus käme. Unter dem Gelächter des vielleicht doch staunenden Publikums, denen das sogar gefällt?

Zumindest kann der Zauberer etwas von seinen Tricks zeigen und damit Freude schaffen. Was der Bischof aber ganz sicher kann, ist, sich aufgrund seiner bösen Worte von einem Menschen in einen Teufel verwandeln.

Und weiter geht es mit seinen intoleranten, hasserfüllten Worten. Ich gebe die Worte ein klein wenig verändert wieder. Wer unbedingt eine „Verwandlung“ will, der gehe in den Zirkus oder auf ein Kostümfest, ansonsten hat die Ideologie der Gender unter vernunftbegabten Menschen nichts verloren. Um das zu erkennen, genügt der Hausverstand. Viele „Gebildete“, so sagt er, fallen auf die Genderideologie herein, während „normale“ Menschen fast immer vernünftig reagieren. Als Beispiel zieht er das Kind aus dem Märchen „Des Kaisers neue Kleider“ heran, das da sagt: „Mama, schau, der Kaiser ist ja nackt!“ Und wo, bitte, bleibt bei ihm nun die Vernunft?

Er behauptet auch, dass die Vertreter der Gender und deren Ideologie versuchen, wie Gott zu sein, indem sie versuchen, einen neuen, selbst erfundenen Menschen zu machen. Auch sagt er, Gender sei eine ernste Gefahr für die Zivilisation und ganz besonders für die Kirche. Was, für die Kirche? Hier würde mich eine Erklärung interessieren, weshalb Gender eine Gefahr für die Kirche sein soll. Aus seiner Sicht seien deren Ideologien mit denen der „Taliban-Ideologien“ gleichzusetzen. Auch warten sie auf ihren Einsatz. Auf welchen Einsatz? Um über die guten Christen herzufallen, um sie (geistig) umzupolen? Zudem erscheint ihm die Genderideologie als die erste Häresie. Und was dagegen hilft, sagt er auch gleich dazu. Es ist der Hausverstand, vermutlich der christlich geprägte, doch sehr einfache Hausverstand. Er ist auch der festen Überzeugung, dass Gender die Zerstörung der Menschheit bedeute. Und so etwas sagt ein Mann Gottes, der doch die Liebe Gottes über alle Menschen ergießen soll. Nun ja, für die katholische Kirche sind nicht alle Menschen … Menschen.

Was mich jetzt schon sehr verwundert, ist, dass der Mann Gottes von Hokuspokus spricht, wenn es um Gender geht, selbst aber jede Woche mehrmals ein Hokuspokus am Altar veranstaltet, wenn er eine Oblate in Gott, zumindest aber in Jesus zu verwandeln versucht. Wenn möglich so, dass „Er“ dann leibhaftig auf dem oder wenigstens am Altar erscheint. Und das soll keine Zauberei sein, die da veranstaltet wird? Er hat wohl vergessen, dass er und seine Kirchenmagier jemanden aus dem Hut (aus der heiligen Fischersmütze) zaubern wollen, und das mit einer Oblate, die ganz sicher schon mal kein Mensch ist. Und diejenigen, die er und andere anprangern, sind Menschen, die als „neues“ Geschlecht betrachtet werden wollen. Ebendiese verspottet er als Menschen, die eine Anerkennung als eigenständiges Geschlecht wünschen. Sie sind gewiss keine Zirkusattraktion, die sich, ganz dem Wunsch der Gaffer entsprechend, heute in einen Mann und morgen in eine Frau verwandeln.

Er, der katholische Prediger, und seinesgleichen wollen aber Woche für Woche mit Simsalabim oder Abrakadabra ein Eiergebäck in einen Menschen verwandeln. Na sauber, sog i do. Wer ist da wohl anprangerungs- und einweisungswürdiger? Der Gottesmagier oder die Menschen mit kaum zu überwindenden Problemen? Gender sind es ganz sicher nicht, sie sind Menschen, und oft auch ... sehr religiöse.

Ich sollte, wenn ich in ein Restaurant zum Essen gehe, auch mal versuchen, mir eines der Menübilder, die in der Speisekarte lecker anzusehen sind, durch Gebete zu Gott in ein leckeres Mahl verwandeln zu lassen. Vielleicht klappt es nicht gleich beim ersten Mal, dass sich das Stück Papier auf meinem Tisch in ein echtes Schlemmermahl verwandelt. O Gott, was bin ich doch verrückt zu hoffen, dass Gott extra für mich ein Papierbild eines opulenten Mahles in ein echtes Mittagessen verwandelt! Einen Versuch ist es aber schon wert, oder? Die Kirchenmänner versuchen ja auch immer wieder, Oblaten in Fleisch zu verwandeln – mit Gottes Hilfe. Bisher ist es ihnen nicht gelungen. Woran das wohl liegt? Beten sie das Falsche oder zum Falschen?

Und was die Männlein im Gewande von Frauen sind, nennt man dann wie? Sind sie selbst nicht auch Gender? So wie die in ihren Gottespalästen herumlaufen, kann man doch locker von Mischwesen sprechen, nicht wahr? Nur sie selbst wollen es nicht wahrhaben. Sie sind die Männer Gottes mit weiblichen Attributen. Und mit der „Vielweiberei“, den Gendern in den eigenen Reihen, halten sie (nicht) hinter dem Berg.

Gender bedeutet „Geschlecht“

Eine Verfechterin des Christentums, des katholischen Glaubens, behauptet, so habe ich es gelesen, dass die Gender-Ideologie gegen alle Vernunft sei, und dass die biologische, psychische und soziale Unterscheidung von Mann und Frau durch diese Ideologie verleugnet wird. Weiter war zu lesen, dass die Gender mit ihren verworrenen Ansichten gegen die Frau kämpfen, weil sie das Frauliche an sich in den Vordergrund rücken. Sie erschaffen auch ein Bild für den Mann, wie Männer gerne Frauen sehen - wollen!? Dabei lassen sie bewusst ausser Acht, dass viele Frauen liebende und fürsorgliche Mütter sind und sie damit entwerten. Fühlt sie sich angesprochen? Ist sie (k)eine gute Mutter? Klar, sie bekämpft alles, was in ihren Augen nicht ihrem katholischen Weltbild entspricht. Sie reist von einem Symposium zum anderen und wettert über alles und jeden, der nicht mit ihr im katholischen Kanon singt, und vernachlässigt so (vermutlich) ihre eigene Familie. Hat sie Kinder? Wenn ja, wie erzieht sie diese? Aus der Ferne, über soziale Plattformen? Vermutlich ja, schließlich ist sie ständig auf der Suche nach „Opfern“, über die sie herfallen und lästern kann. Und das ist jetzt noch milde ausgedrückt. Wer die Pamphlete dieser Frau kennt, der weiß, dass sie kein gutes Haar an Andersdenkenden und Anderslebenden (außerhalb der katholischen Kirche, vermutlich dem Christentum allgemein) lässt. Für sie gilt nur eines: die Verteidigung des christlichen Abendlandes. Dafür setzt sie alles ein, was sie mit ihrem Mundwerk an Boshaftigkeiten loswerden kann. Sie behauptet auch, dass Gender gegen den Mann kämpfen, weil sie Mädchen und Frauen systematisch bevorzugen. Und wo bleibt der Mann? Dem werden von den Gendern die Autoritäten und der Einfluss gegenüber den Frauen entzogen, weil sie ihn verweiblichen. Ich kenne Männer die aussehen wie Berge, doch sich wie zickige Weiber verhalten. Und Frauen, die sich wie grobschlächtige Männer geben. Was hat das mit dem Geschlechterbild und der Rollenverteilung zu tun? Wenn sie so leben wollen, (Mann-Frau und Frau-Mann) dann sollen sie es auch. Weiterhin behauptet sie, dass Gender gegen die Ehe von Mann und Frau sind. Mal ehrlich, dafür bedarf es ganz sicher keiner Gender, das schaffen die Verbundenen mit „Ehering" schon allein. Besonders dann, wenn der Braten mal nicht schmeckt oder es im Schlafgemach … nicht oft genug „hoch und tief" hergeht. Dass sie, die Gender, gegen das ungeborene Kind kämpfen, weil sie die Abtreibung zum „Menschenrecht" erklärt haben, sind wohl auch noch weitere Worte dieser hasserfüllten Person. Wie böse im Gottesgeiste muss man sein, um solche Äusserungen zu machen?

Des Weiteren wird gesagt und so habe ich es auch gelesen, dass Gender was gegen Kinder haben und deshalb gegen Kinder im allgemeinen kämpfen. Hä, wie bitte? Warum sollen sie gegen Kinder kämpfen? Die Kinder tun ihnen doch nichts und sie denen auch nichts. Vermutlich meint sie aber, dass Gender keine Kinder bekommen wollen. Ja und? „Normalos" wollen auch oft keine Kinder haben. Und es gibt Menschen, die gerne Kinder wollen, denen es aber nicht möglich ist. Behauptet diese Frau da auch, dass besagte Personen gegen Kinder „kämpfen"?

Auch zerstören Gender, die Familie und den Ort der Bildung. Insbesondere der Glaubensbildung. Ganz zu schweigen von gesunder Persönlichkeitsentwicklung des Kindes. Warum sollten sie das tun? Ich denke, dass Kinder bei

Gender, Homosexuellen, Bi-Paaren oft besser aufgehoben sind als bei gottesfrommen Weibern, die nur das Jesuskind zum immerwährenden Busserln lieb haben und dabei ihre eigenen Kinder zur Seite stoßen. Soll sich doch der Teufel um sie kümmern! Und was macht sie mit dem Gatten, dem Ollen? Der hat nichts zu melden, der hat den Mund zu halten oder gleich das Weite zu suchen, außer er ist Pfarrer, ein Gottesfürchtiger und Papa ihrer armen Kinder. Gottesfürchtiger Pfarrer und Papa? Das ist ein Widerspruch in sich, aber doch sehr menschlich fehlbar.

Weiter wird behauptet, dass Gender gegen das Christentum kämpfen. Werden in der Hauptsache die katholischen Christen gemeint? Gender, so war weiter zu lesen, betrachten die katholische Kirche, als die einzige Festung ihres Widerstandes. Was soll das für ein Widerstand sein? Das Kämpfen für ihr Recht auf ein schönes Leben? Eines wie die Kirche es nicht haben will, weil es so nicht von Gott vorgesehen und auch nicht bestimmt ist? Was denn, die nun so massiv böse Angegriffenen wollen in der katholischen Gemeinschaft willkommen sein oder, solange man nicht weiß, dass sie katholisch ungeliebte Geschöpfe sind, in der Katholikengemeinde bleiben? Doch durch ihre und ihresgleichen giftigen Worte werden Gottes ungeliebte Geschöpfe aus der Kirchengemeinde gejagt. Hinaus mit dir, du Teufel – im Namen unseres immer liebenden allmächtigen Gottes! Apropos allmächtig: Wenn Gott allmächtig ist, dann wohl auch das Böse. Schließlich hat er doch *alles* erschaffen, und damit auch das Böse. Und ohne das Böse gibt es das Gute nicht. Woher soll man denn wissen, was gut ist, wenn man das Böse nicht kennt? Das Alte Testament hat ja doch recht: Gott ist Gut und Böse in einem. Und damit das nicht so auffällt, hat man im Alten

Testament das Böse auf seinen Sohn Luzifer abgewälzt. Klar, einer muss ja herhalten. In diesem Gottesfall der Erstgeborene Gottes. Wer war die Auserwählte des himmlischen Königs, mit der er Luzifer und auch Jesus gezeugt hat? Das ist (noch) unbekannt.

Nun aber weiter mit dem eigentlichen Thema. Gender, Homosexuelle usw. kämpfen gegen Gott und seine Schöpfung. So wird es von Personen behauptet, die alles vernichtet sehen wollen, das nicht in ihr Glaubensweltbild passt. Ich bin mir sicher, dass die meisten der Angesprochenen, die so extrem mit Gift und Galle beworfen werden, nicht gegen den Gott der Katholiken kämpfen, sondern mehr gegen sich selbst, um ihren inneren Frieden zu finden – auch innerhalb der Kirche und der Kirchengemeinde. Sie haben kaum Zeit, sich mit dem wahren, einem liebevollen Leben zu begnügen, denn ein (unausweichlicher?) Kampf mit dem katholischen Kirchenapparat ist zermürbend und macht krank. Und die Kirche macht (gerne) Andersgepolte krank. Die Kirche kann nicht leugnen – und das ist gut so –, dass es unter den geweihten Dienern Gottes (Seelen-) Kranke gibt, die in einem falschen Körper und/oder mit der falschen sexuellen Orientierung leben. Und was macht man am besten mit den Schreibern und Schreiberinnen der vielen giftverspritzenden Worte? Man jagt sie am besten zum Teufel. Na der wird sich aber freuen. Die ziehen den armen Teufel an den Hörnern nach oben, damit er die Schauderhafte Schaffung Gottes, die Gender, mit zu sich in die Hölle – in die ewige Verdammnis – nimmt. Ich glaube, der wird froh sein, wenn er von diesen Furien wieder wegkommt. Die sind ja schlimmer als er! Besonders die bigotten Weiber. Solche Weibsstücke will er nicht bei sich haben. Er betet herzerbärmlich zu Gott, dass er sie, wenn sie mal abnibbeln, zu sich in den Himmel nimmt und sie dort für immer belässt. Jede einzelne weniger ist schon eine Befreiung für ihn, um glücklich in der Hölle leben zu können.

Wie katholisch verbohrt muss man sein, um solche Behauptungen, die man gegen die Gender aufbaut, bzw. aufgebaut hat, wie die eben gelesenen in die Öffentlichkeit zu posaunen? Da muss man schon sehr vom Un-Heiligen Geist besessen sein. Das beinhaltet dann auch das Zersetzen des – wenigen – eigenen Menschenverstands. Weiterhin stellt sich für mich die Frage, wie viel Hass in dieser Frau und anderen Frauen, Männer in Vielzahl eingeschlossen, gegenüber diesen von ihr so diffamierten Personen steckt.

Wovor haben hart gesottene Christgläubige denn Angst? Dass sie verwandelt werden? In etwas Besseres? Wie sich viele der Katholiken nach außen hin geben, ist wahrlich nicht erstrebenswert. Sie machen Menschen, die nicht wie sie selbst sind – damit meine ich Homosexuelle, Gender usw. –, weil sie ihnen große Furcht bereiten, zu Teufeln, die man gnadenlos ausrotten muss. In ihrer Borniertheit erkennen sie nicht, dass alles und jeder, wie auch immer beschaffen, mit Wünschen und Sehnsüchten, ob gläubig oder nicht gläubig, ebenfalls eine Schöpfung ihres unfehlbaren Gottes ist. Dieses Unbekannte, die „Abartigkeit“, aus ihrer christlichen Sicht gesehen, verängstigt sie bis ins Mark. So lassen sie Hass auf die aus ihrer Sicht betrachteten Absonderlichkeit aufkommen und verfluchen sie auch noch als eine Geburt des Teufels. Der Teufel kommt auch von Gott – das sei nur mal zur Erinnerung erwähnt. Hinzu kommt, dass so jegliche Toleranz gegenüber dem Unbekannten flöten geht, von Akzeptanz mal gar nicht zu sprechen. Menschen, die zwei Geschlechter in sich vereinen, sind für sie keine Katholiken. Sie sind auch nicht von dieser Welt. Klar, sie sind Außerirdische. Sie kommen vom Paradiese Gottes, nur wissen das die christlichen Gutmenschen nicht.

Es gibt Priester, die wollen ganz sicher auch mal das Zweigeschlechtliche lieben – am besten in einer Person. Warum schimpfen sie dann so herablassend und zerstörerisch über Gender? Klar, weil sie so von sich ablenken, um ungestört doch eine(n) Gender lieben zu können. Am besten dort, wo am meisten geschimpft wird – in der Kirche bzw. den Nebenbauten. Und da sag noch einer, das wäre nicht die perfekte Schöpfung Gottes, oder? Für manche der bereits alten Wasser- bzw. Moorleichen ist das ja doch schon sehr anstrengend, sich gleichzeitig mit zwei Geschlechtern zu vergnügen. Doch probieren, sich mit einem/einer zu vergnügen, kann man ja mal.

Ich wünsche mir, dass in bigotten Familien auch mal Kinder heranwachsen, die mit ihrem Geschlecht, zumindest der Geschlechterrolle, nicht einverstanden sind (der Bub spielt mit Lego, Spielzeugautos und/oder Holzklötzen, das Mädchen mit Puppen und Puppenküchen. Oder der Mann fährt einen Kran und säuft nach der Arbeit sein Feierabendbier und rülpst dabei vergnügt, wenn er Fußball schaut. Oder die Frau strickt Wollsocken, backt einen Kuchen oder wäscht und bügelt die verdreckten Arbeitsklamotten des Mannes. Viele weitere Beispiele sind denkbar). Die das auch ihren verbohrten Eltern sagen, wenn es sie selbst betrifft, weil sie homosexuell sind oder in einem „falschen Körper" stecken und lieber ein anderes Geschlecht wären. Sie sollen ihre Eltern verfluchen, wenn sie von ihnen dann als „Teufelsgeburt" oder als „Geisteskranke" betitelt werden, die in eine Irrenanstalt gehören, wo man sie umprogrammieren soll. In was, frage ich mich? In gottesfürchtige Narren, die nicht verstehen, dass das Leben aus mehr, viel mehr besteht als aus Kirche, Glaube und Gott? Wann führt Gott diesen Narren des Glaubens endlich zu der Einsicht, dass es nicht nur das gibt, was sie glauben und sehen wollen – vorgekaut durch die Kirchenschreier auf der Kanzel und die bigotten Brüllaffen in den Kirchenbänken?

Überlegungsansatz: Ebenbild des dreifaltigen Gottes! Hä? Ja was denn jetzt? Gott ist Mann, Frau und … Geist!? Er, der Gottvater, ist dann ja geschlechtlich *mehr* als ein Gender! Verfluchen sie jetzt auch Gott, ihren anbetungswürdigen Herrn im Himmel? Na klar doch! Wenn es sein muss, werden sie auch das tun. Motto: Wo kämen wir da hin, wenn Gott auch noch ein Gender, der Obergender wäre. Der Kirchenaustritt wäre sicher. Und wer wird dann angebetet? Dann sucht man sich einen neuen Gott.

Homosexualität

Ab dem zehnten Lebensjahr, so steht es in einem Buch, das ich gelesen habe, werden in den Schulen die Werbungs- und Schulungsmaßnahmen zur Homosexualität (lesbisch, schwul, bi, transsexuell, auch pansexuell) betrieben, jedoch noch nicht überall so krass wie in Berlin, Hamburg und München, aber mit einheitlicher und stark erkennbarer

Ausrichtung. Hat die Person, die das alles behauptet, die Zeit, durch die Lande zu ziehen und alle Schulen zu besuchen, um Material zu erhalten, mit dem sie schließlich Minderheiten in Misskredit bringen kann – und das im Namen der Kirche? Ist diese Person des Vatikans Oberaufseherin und Hüterin der christlichen Moral?

Eines der weiteren Themen in diesem Buch lautet: „Lesbische und schwule Lebensweisen“. Es ist eine ausgefeilte Anleitung zur Homosexualisierung der Schüler. Was, tatsächlich? Ja warum nicht? Schließlich will man früh genug und möglichst genau wissen, um was es geht, und nicht nur Geschichten über Blümchen und Bienchen und ihrer Besamung erzählt bekommen. Und den ganzen Lehrstoff gibt es auch in Englisch, Spanisch, Latein und in weiteren Sprachen. Die Mädchen und die Jungs verstehen es perfekt, wenn sie alles darüber gelesen haben. Besonders bei der lateinischen Sprache, der Sprache der Priester, die auch immer alles genau wissen und verstehen (erforschen) wollen, um dann die ein oder andere Erkenntnis in die Tat umzusetzen. In dem Buch wird sich darüber beschwert, und es ist das Credo dieses Buches, dass man Infomaterial über Vernetzungen zur örtlichen Homoszene betreibt. Sollen die Lehrer beim Vatikan anfragen, ob man ihnen Homomaterial für den Anschauungsunterricht sendet? Vielleicht ein paar geile Eigenvideos? Ja, warum nicht? Ich denke, solche Filmvorführungen würden einen aussagekräftigen Beitrag leisten, um zu erkennen, dass das gleichgeschlechtliche Miteinander nichts Schlimmes ist. Nun, um diesen Eindruck nicht zu zerstören, sollte es dann aber kein Filmchen sein, in dem sich die alte Priesterschaft nackt vergnügt. Ich möchte so was nicht sehen. Wirklich nicht!

Ablehnung von Homosexuellen

Die katholische Kirche beruft sich bei dem Thema Homosexuelle kaum noch auf die Bibel. Die wenigen Stellen, in denen es um dieses Thema geht, wurden im Alten Testament niedergeschrieben. Eine Gemeinschaft musste überleben, nur darum ging es. Deshalb hat man Homosexualität, die Kinderlosigkeit bedeutet hätte, verurteilt. Aus dem Mund Jesu gibt es kein einziges Wort zu Homosexualität, und er hat gleichgeschlechtliche Liebe nie verurteilt.

Ich behaupte mal ganz frech, dass es für Gott, nicht den der Christen, keine homosexuellen Geschöpfe gibt, da diese auch seine Geschöpfe sind. Diese Geschöpfe sind mit der Liebe gesegnet, und Liebe macht keinen Unterschied. Die wahre Liebe kennt keine Grenzen und keine Einschränkungen. Diese Liebe ist auf alle gleich verteilt. Für Gott, den GOTT, der ohne Kirche ist, der alles mit Liebe gibt, wie sie die Kirche der Christen niemals allen geben kann und auch nicht, was das Teuflische an dieser Christenreligion ist, geben will. Das, was sie geben, ist Heuchelei und Schönfärberei von und mit Worten, die mit dem LIEBEN GOTT, dem wahren GOTT nichts zu tun hat. Absolut nichts zu tun haben. Bei diesen Worten liest man, dass es für mich schon einen Gott, ein HÖHERES WESEN gibt, der aber nicht der Gott der Christen und ihrer vielen Ableger ist.

Schwul zu sein ist gefährlich – nicht bei Priestern

Recht rabiat gehen die katholischen Arbeitgeber mit den Mitarbeitern um, die sich offen zu ihrer Homosexualität bekennen. Wie das zu geschehen hat, legte kein Geringerer fest als ein in den Ruhestand getretener Papst, des deutschen Christen liebstes „Kind“.

Er schrieb, als er noch Vorsitzender einer Kongregation war, dass die Neigung der homosexuellen Personen in sich nicht sündhaft sei. Sie weise aber eine Tendenz auf, die sittlich (tugendhaft, untadelig, moralisch) betrachtet auf ein schlechtes Verhalten ausgerichtet sei. Deshalb haben homosexuelle Lebensgemeinschaften keine Anerkennung verdient. Meint er damit, dass homosexuelle Lebensgemeinschaften keine Anerkennung in der Kirchengemeinschaft verdienen? Er sagte auch, dass Homosexuelle für die (gesunde) Entwicklung der menschlichen Gesellschaft schädlich seien. Na klar doch, sie zeugen keine Gotteskinder – für einen Kriegsgott.

Und so trifft die katholische Kirche gleich auch noch gegenüber ihren schwulen (occulta gay) oder lesbischen Arbeitnehmern eine mehr als spitzfindige Unterscheidung. Wenn sie nur homosexuelle Neigungen haben, diese aber nicht ausleben, müssen sie sich um ihren Job keine Sorgen machen.

Viele der schnuckeligen Jungpriester und alten Prälaten sind heiß wie Nachbars Lumpi, doch verlieren sie ihren Job nie. Mit Gottes Gnaden und dem Segen des heiligen Oberpriesters dürfen sie ihre Hotneigungen (unheimlich heimlich) ausleben, ganz so wie es ihnen gelüstet. Nur erwischen lassen dürfen sie sich nicht - beim Schäferstündchen.

Geliebt, aber gekündigt

Die katholische Kirche betrachtet Homosexuelle als Menschen, denen mit Liebe und Achtung zu begegnen ist. Wer jedoch seine Neigungen auslebt, also eine homosexuelle

Beziehung eingeht, oder seinen gleichgeschlechtlichen Partner heiratet, stellt sich damit gegen das Sakrament der heiligen Ehe. Manches Mal frage ich mich, was an der Ehe heilig ist. Und wenn es ein kirchlicher Mitarbeiter ist, der eine gleichgeschlechtliche Beziehung führt, dann muss er mit einer fristlosen Kündigung rechnen. Klar, der/die bekommt einen Freiflug in die Armut – und in die Freiheit der Gedanken und der liebevollen Taten?

Sanktionen wie ein Rauswurf aus einem „Unternehmen" entsprechen nicht dem Willen des Gesetzgebers, der mit der Legalisierung der Homo-Ehe jegliche Diskriminierungen unterbinden will. Ganz besonders bei Mitarbeitern, die für die Kirche tätig sind. Doch wenn den Kirchenchef eine Homo-Ehe von Mitarbeitern stört, dann wird das, was stört, mal ganz schnell beseitigt. Und die Kirche schert sich einen Dreck, was andere darüber denken, wie sie mit verdienten Mitarbeitern verfahren. Dass die Kirchen in Deutschland so mir nichts, dir nichts einem schwulen Mitarbeiter kündigen oder einen Kirchenaustritt mit einer Entlassung bestrafen können, ist der Europäischen Kommission ein Dorn im Auge. So hat man es sich in Brüssel zur Aufgabe gemacht, Diskriminierungen wegen der Religion und der sexuellen Orientierung so weit wie möglich zu verhindern. Zu diesem Zweck hat man mehrere Richtlinien erlassen, die die Mitgliedstaaten in nationales Recht umsetzen mussten.

Umstrittenes Gesetz

In Deutschland wurde im Jahr 2006 das allgemeine Gleichbehandlungsgesetz (AGG) verabschiedet. Den Kirchen hat man hier (leider) weitgehende Sonderrechte eingeräumt. In Paragraph 9 des AGG heißt es wörtlich: *„Das Verbot unterschiedlicher Behandlung [...] berührt nicht das Recht der [...] Religionsgemeinschaften, [...] von ihren Beschäftigten ein loyales und aufrichtiges Verhalten im Sinne ihres jeweiligen Selbstverständnisses verlangen zu können.“*

Eine Reaktion aus Brüssel kam prompt. Mehrmals hat die Regierung Post von der EU-Kommission erhalten, in der sie die mangelhafte Umsetzung der europäischen Antidiskriminierungsrichtlinien und die Reichweite der kirchlichen Sonderrechte rügte. Die deutsche Justiz aber steht fest zu ihrer Entscheidung.

Der Europäische Gerichtshof für Menschenrechte (EGMR) entschied, dass die Kündigung eines getrennt und in außerehelicher Beziehung lebenden Angestellten der katholischen Kirche unrechtmäßig sei. Die Straßburger Richter bemängelten, dass die Kirche ihre Interessen nicht gegenüber den Belangen des Arbeitnehmers, besonders deren Recht auf Achtung des Privat- und Familienlebens, abwägen würde. Man bemängelt damit die gängige Praxis deutscher Arbeitsgerichte, Mitarbeiter wegen ebensolcher Tatbestände zu entlassen.

Der Europäische Gerichtshof für Menschenrechte (EGMR) entschied auch, dass die Kündigung getrennt und in außerehelicher Beziehung lebender Bediensteter (Angestellte, Beamte, Arbeiter) der katholischen Kirche unrechtmäßig sei.

Nach dem, was man nun alles gelesen hat, ist das Credo daraus nicht nur ein geistiges Kopfschütteln. Ganz offen und unverblümt gesagt ist es gnadenlos erbarmungslos und erbarmungslos gnadenlos gegenüber den eigenen Bediensteten, die sich für die Kirche krumm machen und auch mal ein klein wenig das Gute der katholischen Kirche anzweifeln oder angezweifelt haben. Die Mächtigen dieser Kirche sind die Gottlosen und nicht die Zweifler und Abschwörer des katholischen Glaubens.

Konversionstherapie

Nun komme ich zu einem Thema, das an Abartigkeit kaum zu überbieten ist. Hierbei handelt es sich um die Behandlung von Homosexuellen, um sie wieder „normal" zu machen. Ich gebe zu, dass ich von dieser menschenverachtenden Behandlung, über die im Folgenden zu lesen ist, lange nichts gewusst habe. Man nennt sie die Konversions- oder Reparativtherapie. Sie ist auch bekannt unter den Namen „Reparative Therapie" oder „Ex-Gay-Therapie". Ganz Schlaue nennen es auch „Reorientierungstherapie".

Um mich schlauzumachen und mit meinen eigenen Worten über das Thema zu schreiben, habe ich verschiedene Quellen hinzugezogen. Mal wieder auch das Internet. Vieles gibt es da über Konversionstherapie zu lesen, ebenso wie über die Grausamkeiten, die „Hilfesuchenden" widerfahren sind.

Bei der Rückentwicklungs-Therapie werden umstrittene Methoden der Psychotherapie angewendet, um eine Beseitigung homosexueller Neigungen und im Gegenzug die Entwicklung heterosexueller Potenziale als (kirchliches) Ziel zu erreichen.

Wie geht man dabei vor? Hier ein kleiner Auszug dessen, was ich darüber gelesen habe: Häufig wird mit brutalen Methoden versucht, den Willen der „Patienten" zu brechen, damit sie ihre nicht kirchenkonforme Identität ablegen. Dabei geht man mit tief greifenden, manipulativen und psychiatrischen, eher pseudopsychiatrischen Eingriffen ans Werk. Männer, so heißt es, sollen sich männliche Hobbys suchen, Frauen sich besonders weiblich kleiden. Man ist der Überzeugung: Wer sich männlich verhält, kann auch nicht schwul sein. Und Frauen, die sich typisch weiblich verhalten, nicht lesbisch. Keine dieser Methoden hat jemals funktioniert. Trotzdem wird weitergemacht und damit Schaden am Menschen angerichtet. Religiöse Gruppen, Hardliner der Kirche, betrachten Homosexualität und andere von der Norm abweichende sexuelle Veranlagungen, wie sie die Kirche gerne sieht, (weiterhin) als zu behandelnde Krankheiten. Fürsorglich, wie sich die Kirche gerne zeigt, bietet sie den „Abnormen", den Kranken, Begleitung an, um wieder gesund zu werden. Ich glaube eher, dass sie nachhaltig versucht, den zu „Heilenden" den Teufel auszutreiben, der sich in diesen „armen Geschöpfen" eingenistet hat. Na ja, dann sollten sie als Erstes bei all ihren eigenen „Kranken", ihren „Fehlgepolten", mit der Verwandlungs-Renaturierungstherapie beginnen. In ihrem Gespinst gibt es reichlich zu Heilende, deren Geist und Körper nach Herstellung der Normalität schreien. Der Klerus sagt, dass homosexuelle Orientierung, also schwul zu sein, von Gott nicht gewollt sei und deshalb ausgerottet werden müsse. „Ausgerottet" – dieser Begriff kommt nicht von mir, den habe ich so übernommen. Nicht selten wird die Homosexualität auch wie eine Sucht behandelt, ähnlich wie übermäßiger Drogen- oder Alkoholkonsum. Spitzfindig geschult nennen sie es „psychologische Fehlentwicklung", und diese sei … heilbar. Für mich ist das missionarischer Eifer von Kreuzzüglern, und diesen nenne ich krank und nicht heilbar. Die führenden psychiatrischen und psychologischen Fachleute lehnen solche Behandlungen ab. Sie sehen in den Konversionsbehandlungen anhaltende schädigende Wirkungen für die Therapierten. So ist es immer wieder auch zu lesen. Ich sage, solche menschenunwürdigen Behandlungen führen zu großen psychischen Schäden, die bis zur Selbstjustiz reichen. Der Bundesgesundheitsminister hat angekündigt, sogenannte Konversionstherapien gegen Homosexualität verbieten zu wollen. Na dann wollen wir mal hoffen, dass das Verbot bald in Kraft treten wird, um Homosexuelle auch vor kirchlichen Scharlatanen zu schützen.

Man schätzt, dass in Deutschland jährlich etwa 1.000 Menschen derartigen Therapien ausgesetzt sind. Besonders schlimm ist das für Kinder und Jugendliche. Auch gegenüber denen nimmt die Kirche keine Rücksicht, oder gegenüber jenen, die glauben, für Gott zu sprechen, Gottes Ansichten zu verkünden und in Gottes Namen zu richten.

Wer jetzt noch mehr über das Thema lesen will, der schaue bitte im Internet unter den Begriffen „Konversionstherapie“ oder „Reparativtherapie“ nach.

Männervereinigungen der katholischen Kirche

Katholische Männervereinigungen, man kann sie auch getrost „Männerbund“ nennen, sind Gemeinschaften, die von sich behaupten, dass sie von Gott gewollt sind. Nun ja, hier kann ich nur sagen bzw. schreiben: Man glaubt, was man glauben will. Diese angeblichen göttlichen Männergruppen schotten sich (meist) von der übrigen Gesellschaft ab. Wenn es ihnen gefällt, warum nicht? Sie halten, wenn es sein muss, wie Pech und Schwefel (Hölle!) zusammen. Oft stehen sie unter dem Druck, sich geschlechtlich und sexuell gleichzuschalten. Sie versuchen, so gut es geht ihre Sexualität zu verdrängen. Warum eigentlich? Die Sexualität ist von Gott gegeben, weshalb es widernatürlich ist, diese zu unterdrücken. Nun ja, Katholiken sind schon seltsame Menschen, besonders die, die Gott nahe sein wollen. Ihren Zusammenhalt zeigen sie durch eine Mönch-Priesterkleidung und kirchliche Symbole wie ein goldenes Protzkreuz am Hals und den geheiligten Schlagring am Finger. Wenn es um eine Strafhandlung geht, die einer von ihnen begangen hat, dann halten sie wie Höllenhunde zusammen. So sind Bischöfe, Äbte, Prioren (Aufseher, Hüter, Schützer) nicht bereit, der Unabhängigen Kommission zur Aufarbeitung sexuellen Kindesmissbrauchs, geschehen durch ihre Diener im Mönch-Priestergewande, auch nur ein einziges Dokument aus ihren Archiven zur Auswertung auszuhändigen.

Natürlich sehen sich Bischöfe und einfache Priester im Dienst der Menschen; das würden sie immer behaupten und vor ihrem Gott schwören – mit gekreuzten Fingern hinter dem Rücken.

Sieben Mal scheiterte der Versuch, als Basis des Kirchenrechts ein „Grundgesetz" zu etablieren, das von den Menschenrechten ausgeht. Rechtlich steht eine Verurteilung von Missbrauch gleich neben dem Verbot, die Beichte zu entehren und die Eucharistie (Danksagung) zu schänden. Wie nun erkannt wurde und mit Abscheu zu sehen ist, ist die Schändung der Betroffenen noch immer nicht fest im kirchlichen Blick. Das Ablenken von den Tätern funktioniert dafür aber stets perfekt. In der Kirche sorgt man sich mehr um die Heiligkeit der katholischen Kirche und weniger um die Opfer durch das kirchliche Personal. So sagte ein Kardinal, er schäme sich für seine Kirche. Warum schämt er sich nicht der kirchlichen Täter seiner oder anderer Diözesen? Weil er nicht versteht, es vielleicht nicht verstehen will, dass die Opfer für viele Jahre, wenn nicht sogar für immer, traumatisiert sind. Oder weil ihn das nicht interessiert. Vermutlich Letzteres.

Die kirchliche Lehre und das Kirchenrecht haben unbedingte Priorität. Keine Priorität hingegen haben für viele Priester die Wünsche der Mitglieder, Ängste und Bedürfnisse von Menschen in seelischer und materieller Not sowie die Kommunikation mit ihnen, ebenso wie eine kirchliche Barmherzigkeit. Es sind die brutalen Macht- und Unterdrückungsgeschichten (Lügen) der katholischen Kirche, die an oberster Stelle stehen. So ist es kein Wunder, dass die Opfer der katholischen Kirche mit allen Machtmitteln für immer mundtot gemacht werden. Die Wächter von römisch-katholischen Handlungen und Entscheidungen des Papstes oder eines Konzils über ein Dogma gelten als unfehlbar. Wer sie beschmutzt, der wird mit harten Bandagen bekämpft. Auch mal mit unlauteren Mitteln, wie man zahlreichen Berichten entnehmen kann. Und wer bei einem solchen Kampf draufgeht, der ist selber schuld. Er hätte sich schließlich nicht mit der kirchlichen Macht anlegen sollen. Nein, das sage nicht ich, ich wiederhole nur das, was die Kirchenvertreter nach Gerichtsverhandlungen zu den Opfern gesagt haben, wenn diese die Kirchenmänner verklagt und den Prozess bedauerlicherweise verloren hatten. Viele Opfer aus diesen Kämpfen mit der Kirche – sehr viele sogar – sind hinlänglich bekannt. Wer das nicht glauben mag, der schaue zu diesem Thema im Internet nach. Und was macht der Staat in diesen Fällen? Der unterstützt weiterhin die Macht der Kirche. Warum nur? Was erhofft sich der Staat davon, die Kirche machtvoll zu halten? Und so schlägt die Kirche weiter mit brutaler Gewalt drauflos, wenn ihr etwas nicht in den Kram passt. Was oft der Fall ist.

Die grausamen Folgen, die Opfer erleiden müssen, erkennen wir besonders an dem noch immer anhaltenden Kindesmissbrauch. Und die Priester aller kirchlichen Hierarchien werden (weiter) im katholischen Männerbund vor der Bestrafung auch durch den (Rechts-) Staat geschützt. Und was macht die Kirche? Sie richtet bzw. hat einen „Eckigen Tisch" eingerichtet, um über die vielen sexuellen kirchlichen Missbräuche an Kindern und Jugendlichen zu reden und Entscheidungen zu treffen, wie man damit umgeht. Und was ist mit den Geschändeten? Wahrscheinlich interessiert die niemand am „Eckigen Tisch". Auch hat die Kirche Beraterstellen für Betroffene eingerichtet, um eine Aufarbeitung zu betreiben. Was soll dieser Quatsch? Denen ist es doch egal, wann wer von Priestern sexuell vergewaltigt wurde. Denen – damit meine ich die Priester – geht es doch nur darum, ihre eigene Haut zu retten. Falsch, es geht ihnen auch darum, ihr milliardenschweres Vermögen nicht durch Zahlungen an Vergewaltigte zu verringern. Jeder Cent ist denen heilig.

Zusatz: Ein Priester auf Rhode Island beschloss all jene, die für eine weitere Erhaltung der bisherigen Abtreibungsrechte stimmen, mit Ausschluss von der Kommunion, von Taufen, Hochzeiten und anderen kirchlichen Veranstaltungen zu strafen. Als er auf die Missbrauchsverbrechen katholischer Kleriker angesprochen wurde, erklärte er, dass Abtreibung töte, Pädophilie aber nicht. Wenn da einem bei einer derart unverfrorenen Aussage nicht gleich das Herz stehen bleibt, dann weiß ich auch nicht, was man sonst noch machen und sagen muss, damit es zu einem Herzstillstand kommt. Und nebenbei wurde auch dem Gesetzesvertreter mit der Exkommunikation gedroht, wenn diese, dieser, weiter das Recht auf eine Abtreibung zustimmt. Und was macht der Staat? Schweigen, kuschen?

Eigenschaften, Gefühle, Verhaltensweisen

„Weit in nebelgrauer Ferne liegt mir das vergangene Glück, und wie an einem schönen Sterne hängt mit Liebe noch mein Blick." (Aus: „Die Liebe" von Friedrich von Schiller)

Niemals kann jemand mit reinem Herzen und aus voller Überzeugung diesen Satz sprechen, wenn er als Priester für die katholische Kirchengemeinschaft tätig war und in dieser Zeit großes Leid über Schutzbefohlene gebracht hat.

Es gibt aber Priester, die können tatsächlich von sich sagen, dass sie mit der Liebe leben. Einer Liebe zum Menschen, wie ich sie verstehe, wenn es mir auch immer wieder schwerfällt, das zu glauben. Doch nicht jeder Priester – ich spreche auch von Nonnen – ist ein „Monster", so viel ist selbst mir klar.

Im Christentum existiert im Allgemeinen nicht das wundervolle Wort „Liebe", wenn es auch immer wieder gebzw. missbraucht wird. Schon gar nicht in Verbindung mit Liebesschmerz, wenn man die Liebe nicht (mehr) in sich hat und mit ihr lebt. Und die wahre Liebe erlebt niemand und niemals jemand in der katholischen Kirche. Die Religion der Christen ist nicht ausgelegt für die Liebe. Was man dort erlebt und zu sehen bekommt, ist heuchlerische Kunst, die sich wie die Liebe dem Gläubigen zeigt – zu zeigen versucht. Was sie, die Liebesverkünder der Kirchengemeinde, betreiben, ist eine emotionale, theatralische und tendenziell übertriebene Form der Artikulation. Genannt auch (viel übertriebener) „Pathos" (geschickte überzeugende Rede). Hier meine ich ganz explizit die Kunst, mit den Worten zu spielen, um damit zu überzeugen – was bei den „Schäfchen des Herrn“ sehr einfach ist.

Vieles von dem, weshalb man keinen Christenglauben und deren Verkünder braucht, habe ich nun mit diesem Buch weitergegeben. Sicher gibt es noch weitere Gründe, doch die hat jeder, der aus der Kirche austritt oder bereits ausgetreten ist oder erst gar nicht diesem Gottesglauben und seinen negativen Religionsbotschaften beitreten will, für sich herausgearbeitet – und das ganz sicher auch mit Berechtigung. Da kann ich nur sagen: Gut gedacht und gut gemacht!

Zum Schluss noch die Frage: Warum konnte Jesus Blinde und Lahme heilen, aber keine (Sanctus) Bekloppten? Das weiß selbst er nicht!

Bigotterie

Als Bigotterie oder Scheinheiligkeit bezeichne ich ein frömmelndes Verhalten. Bigotte Personen zeigen gegenüber anderen ein intolerantes, gehässiges und scheinbar ganz der Religion oder einer religiösen Autorität (Pfarrer, Bischof usw.) in Liebe – von wegen Liebe! – gewidmetes Wesen oder Verhalten. Der Begriff „Liebe“ ist für Bigotte ein Fremdwort. Sie wissen nichts über dessen Bedeutung. Der von ihnen geführte Lebensstil hingegen ist nicht religiös oder streng sittlich zu nennen. Sie sind in ihrem Wesen gegenüber anderen und deren Auffassung zu Gott meist gar nicht christlich. Der Duden bezeichnet Bigotterie als „Scheinheiligkeit“ und „kleinliche, engherzige Frömmigkeit und übertriebene(n) Glaubenseifer“. Der Aussage füge ich gerne noch etwas Eigenes hinzu. Bigotte haben sich schon vor Jahrzehnten aus der diesseitigen Welt verabschiedet und tauchen seitdem nicht mehr aus ihren künstlichen und verschrobenen Gedankengebäuden auf. Eigentlich müsste man diese Menschen wegen ihres geistigen Wirrzustandes bedauern. Wer will, der soll es tun. Ich tue es nicht.

In einem anderen deutschen Nachschlagewerk liest man zu „bigott“ das Folgende: „andächtelnd, frömmelnd, eifrig in der peinlich genauen Ausübung religiöser Gebräuche, aber ohne ernsteres religiöses Leben und streng sittliche Haltung“. Der Begriff „Scheinheiligkeit“ wird darin mit „Heuchelei“, „Pharisäertum“ oder „Doppelmoral“ gleichgesetzt. In Niedersachsen nennt man Bigotte auch mal „Bibelträger“, „Kirchenklepper“, „Heiligenfresser“, „Heiligenbeißer“ und noch so einiges mehr.

Mit ihrem bigotten Getue gehen sie sogar auch mal dem Pfarrer auf die Nerven. Ich selbst habe auf die Frage an einen Abt, wie er auf Kirchenbesucher reagiere, die sich bigott zeigen, folgende Antwort erhalten: *„Ich kann sie nicht aus der Kirche entfernen oder davon fernhalten, doch gerne sehe ich sie hier nicht.“* Weitere Frage meinerseits. „Und warum?“ Antwort: *„Weil sie sich gegenüber den anderen Kirchenbesuchern als gottgefällig zeigen wollen ... aber auch mir gegenüber. Ihr Verhalten ist mehr Schauspiel als wahrer Gottesglaube, doch sind sie Besucher der Kirche und Gott.“* Für mich ist dieser Mann schon ein sehr geduldsamer Mensch, wenn er Bigotte zwar nicht mag, diese aber weiter in seine Kirche lässt, damit sie Gott ihre Gläubigkeit heucheln können. Ich würde sie nicht in das Haus Gottes lassen. Das Heucheln von Gottesglaube und Treue können sie auch vor der Kirche, an der Kirchenmauer ausleben. Busseln bis der Putz bröckelt.

Heuchelei

Was versteht man unter den Begriff „Heuchelei“? Heuchelei (Hypokrisie) bezeichnet ein moralisch bzw. ethisch negatives Verhalten, bei dem eine Person absichtlich, und das nach außen hin, ein Bild von sich zeigt, das nicht dem realen Selbst entspricht.

Für mich sind Menschen mit solch hündisch-unterwürfigem Ducken und Kriechen – dabei nicht vergessen, mit dem Schwanz zu wedeln – die heuchlerischsten Menschen überhaupt. Und wo findet man diese zumeist? Muss ich die Frage beantworten? Nein, denn jeder Leser weiß, welchen Menschenschlag ich meine. Sie sind es, in der Mehrzahl, die die wirklich guten Christen an den Kirchenpranger stellen, sollte denen mal ein Missgeschick widerfahren. Eines, das den Kirchengeboten zuwidergehandelt hat. Eigentlich bleibt so dann alles in der Familie der Fantasten des irdischen und überirdischen Wahnsinns.

Heuchelei ist eine aus selbstsüchtigen Interessen entspringende Verhaltensweise. Bei den Betreffenden zeigt sie sich in Form von Vorspiegelung einer falschen, nicht vorhandenen lobenswerten Gesinnung. Ein Heuchler will besser erscheinen, als er ist, um Mächtigen zu gefallen und dadurch einen Gewinn für sich zu erzielen. Heuchler täuschen auch politische, religiöse und ethische Grundsätze vor, um im Leben voranzukommen. Oft gelingt ihnen das – auf Kosten anderer. Und die Kirche liebt die Liebesdienerei ihrer frömmelnden Kirchgänger, denn sie sind die Spitzel der Kirche. Ja, die Kirche lebt von diesen abartigen Typen und liebt sie auch noch – als Zuträger von Lügen. Keine Bärenhöhle wird jemals so dunkel sein wie die Seele der Heilsverkünder Gottes.

Selbstgerechtigkeit

Unter „Selbstgerechtigkeit“ versteht man den Habitus (Auftreten und/oder die Umgangsformen einer Person, die Gesamtheit ihrer Vorlieben und Gewohnheiten oder die Art ihres Sozialverhaltens) von Personen, die sich gewohnheitsmäßig mit anderen vergleichen und dabei immer wieder zu der Überzeugung gelangen, dass sie selbst die Sitten, Regeln und Gesetze strenger einhalten als die anderen. Es ist das Verhalten von Menschen, die andere spüren lassen, dass sie ihnen sittlich und moralisch überlegen sind. Die Personen, die mit solchen Menschen in unangenehmer Weise konfrontiert werden, empfinden deren Auftreten meist als beleidigend und herabsetzend.

In aggressiven, oft auch angriffslustigen sowie bissigen, aber auch mal feindseligen Diskussionen wird selbstgerechtes Auftreten als „Gutmenschentum“ immer wieder scharf und rücksichtslos angeprangert. Bigotterie und Doppelmoral sind mit der Selbstgerechtigkeit verwandt, wobei der Bigotte eine Einhaltung der Regeln aber nur von anderen fordert. Er/Sie selbst nimmt sich davon aus. Sie sind von Hochmut und Arroganz gekennzeichnet, was sie über andere stellt. Das passt ja alles zu hundert Prozent zur katholischen (katholisch = allumfassend) Kirche.

Im Wald/Weinviertel (Österreich) wird für bigotte Menschen abwertend der Begriff „Kerzlschlucker“ verwendet, da diese überdurchschnittlich oft Kirche oder Priester aufsuchen, sich gelegentlich auch als Laien betätigen und zumeist scheinheilig sind. In der Öffentlichkeit überchristlich, entsprechen sie privat eher dem Gegenteil. Für ebensolche Heuchler vor dem Herrn bot man in Manchester eine Erhöhung an – festgenagelt am Kreuze. Und das für eine läppische Spende in Höhe von 750 Euro. Doch leider – auch aus meiner Sicht – wurde daraus nichts. Die Geistlichen hatten Bedenken hinsichtlich der Gesundheit der Kreuzigungswilligen. Jetzt bin ich aber überrascht! Sie gehen doch sonst nicht so zimperlich mit den Menschen um. Wenn hin und wieder Blut fließt, stört sie das doch nicht. Und bei diesem Gottesspektakel, das nicht zum ersten Mal in Manchester stattfinden sollte, wären sie auf einmal besorgt gewesen um die Hinrichtungswilligen? Oder hatten sie Angst, dass jemand ohnmächtig werden und vom Kreuz fallen würde? Wie man Menschen sicher an ein Kreuz nagelt, wussten doch schon die Römer. Dann wird man das doch wohl auch heute hinbekommen mit den „Nagelt mich an ein Kreuz!“ fanatisch-loyalen, bigotten Wirrköpfen. Und wenn doch mal einer vom Kreuz plumpst, dann befindet ihn Gott vermutlich nicht als würdig, wie sein Sohn an einem Kreuz hängen zu dürfen. Und die Nägel Gottes lösten sich in nichts auf. Also, Kreuzigungsgruppe: Bitte anstellen! Und jeder nimmt nur ein Kreuz mit!

Gedankenspiel zu bigotten Menschen

Wie würden gnadenlose Typen mit schleimigen Gottesanbetern umgehen? Vermutlich wird man mit ihnen nicht anders umgehen, als es ihre bigotten Vorbilder noch vor wenigen Jahrhunderten mit den Unchristlichen und den angeblichen Hexen getan haben. Sie würden den Bigotten heißes Wachs, von Osterkerzen gesammelt, in den Rachen schütten – bis hinunter zum Ausgang. Dann würde man noch einen Docht einführen und diesen nach Erkalten des geweihten Wachses anzünden. So erhalten die Freunde, die Bigotten des unchristlichen Glaubens, die göttliche Wärme von innen und die Erleuchtung von außen. Und wenn alles ganz super abläuft, dann gehen sie ab wie ein Zäpfchen – in den Himmel. Hui, wie das fetzt – zur Freude Gottes.

Und wenn der Gottesmann im Talar, dem schwarzen, auch diese Typen nicht in seiner Kirche haben will, dann kann er sie doch locker-leicht in ein Kloster abschieben – in ein klösterliches Verlies, vollgestopft mit Gottesbildern zum Anbeten. Und damit auch alles schön konform abläuft, quasi wie am Rosenkranzschnürchen, gibt es täglich Wasser und Brot und als Nachspeise gelegentlich ein klein wenig Geißelung mit dem Dreizack. Und auf besonderen Wunsch auch mal an einem Feiertag eine Kreuzigung in der Klausur der heuchlerischen Gottesweiber und -männer. Ne, das dann doch lieber nicht, sonst fühlen sie sich im Himmel, zumindest aber auf einer Gotteskur. Und so viel Gutes gönne ich ihnen nicht. Da sollen sie lieber bei den Gläubigen bleiben, die denken, sie seien normal. Als wenn das in der Kirchengesellschaft nach jahrelanger Zugehörigkeit mit Tiefenbeeinflussung überhaupt noch möglich wäre. Da müssen sie sich schon vom Kirchturm stürzen oder sich von der Großglocke der Kirche auf die eigene Glocke, den riesigen Dummschädel, schlagen lassen, um vielleicht wieder normal zu werden. Der Glaube der Christen verhelfe zu Erkenntnissen, heißt es. Oder habe ich mich da verhört? Wenn ja, was soll's.

Mal ganz ehrlich: Ich glaube, dass der Gott der Christen mit solchen Kriechertypen nichts zu tun haben will. Doch Petrus, der Alte, der Blinde, der Gutmütige mit Schwert an der Hüfte, öffnet für jeden die Himmelspforte, der wenigstens „Gott“ und „Amen“ sagen kann. Vermutlich wird Gott von diesen Sonderlingen auch zum Weinen gebracht, denn sie, diese niemals enden wollenden lobpreisenden Beter, wecken ihn schon in aller Herrgottsfrüh, wenn er nach mühseliger Arbeit mal ausschlafen will. Hat er noch immer nicht gesehen, dass solche kirchlichen Wirrköpfe auch seine irdischen Vertreter oft bis in den Wahnsinn treiben und getrieben haben, oder bis zur Weißglut, wobei im Vergleich dazu das Höllenfeuer nur ein wenig das Gemüt erwärmt, es aber nicht tötet?

Sie, die Bigotten, die sich am liebsten ihr Kreuz selbst schnitzen, um sich von anderen Gotteswahnsinnigen darauf festnageln zu lassen, kriechen, sollten sie mal viel Glück haben, dann an Gottes Himmelbett und lecken ihm die Füße sauber, ehe er den Boden damit berührt. Den Boden haben sie vorher bereits mit der Zunge gereinigt. Und da es Tausende sind, die Gott frühmorgens überrumpeln, kann er sich deren Waschel (Zungen) nicht erwehren. Früher, so denkt er, als er noch keine Menschen erschaffen hatte, wusch er sich seinen Körper mit den himmlischen Tränen der Engel. Hatten diese geweint? Klar, weil sie ihm nicht dienen wollten, es aber mussten, zumal er sie sonst zum Teufel gejagt hätte.

Nicht einmal sein natürlichstes Geschäft darf er noch im stillen Kämmerlein erledigen, denn dort warten schon die von ihm geschaffenen bigotten Weiber – Männer ganz sicher nicht ausgeschlossen –, die seine duftende Hinterlassenschaft auffangen und sammeln, um diese schließlich auf seinem Schöpfungsacker zu verteilen. Auf diesem Acker werden die Nachkommen seiner Herrlichkeit geboren. Vom Pötterdreck auf die Erde – und Jahre später vom Christentum verdorben wieder zur Gotteserde zurück. Ja,

Gott hat sich sein Elend selbst geschaffen, doch gibt es auch einen Retter für ihn, der ihm dabei helfen kann, seine christlichen Pharisäer und Gottesanbeter, die ihn stets auf wunden Knien umschwänzeln, für immer loszuwerden. Und wer ist sein lieber Helfer in seiner großen Not? Der Luzzi, der Satan, der Teufel. Und wenn der Teufel Gott nicht im Stich lässt und ihn stattdessen von seinen Peinigern befreit, dann ist er der gute, der liebe, der herrliche, der fast schon göttliche Diabolo.

So bittet Gott den Höllenfürsten zu einem Gespräch in seinen Himmelspalast, wo er ihm sein Leid klagt und ihm ein Geschäft vorschlägt, das er, so hofft er zumindest, dann nicht ablehnen wird. Und der Teufel kann es wahrhaftig nicht ablehnen, denn dieses göttliche – Sakrament no amoi – geile Geschenk muss er haben. Und so überredet Gott ganz nebenbei – wie hinterfotzig ist das denn? – den Teufel zu einem teuflischen Geschäft. Er unterbreitet ihm, dass er ihm, dem Luzzi, all seine bigotten Himmelsschleimer und Kriecher samt den klerikalen Gschwerl, die sich bei ihm aufspielen, als wären sie Gott, im Tausch gegen Höllensünder geben wird. Diese Höllenbrut ist allemal besser, so der Gottesgedanke, als das, was da im Himmel herumschwirrt und gottlose Tiraden schwingt. Dazu bekommt der Höllenfürst, wie eine besondere Perle obenauf, auch noch alle Heiligen und Seligen. Luzifer muss aber im Gegenzug die armen Teufel, die schon seit Ewigkeiten von ihm gebraten werden, freilassen und zu ihm schicken, sonst wird nichts aus dem Deal. Und der Teufel, ja, der lässt sich darauf ein und freut sich diabolisch über dieses nicht abzulehnende „Geschenk" vom lieben Gott. Nie hat und hätte er sich träumen lassen, dass man ihm die Kirchenfürsten der Erde, die Heiligen, die Seligen und die verdammten

Scheinheiligen zum Foltern in seiner Folterstube anbietet. Als Sahnehäubchen bekommt der Teufel alle sündhaften Klerikalen, die noch sterben werden. Und das Sterben ist so sicher wie das Amen in der Kirche. Gesagt, getan, und mit einem einzigen Gedanken wurde der Tausch vollbracht. Beide sind bis in alle Ewigkeit glücklich. Für jeden von ihnen ist das ein Festtag, der nie vergehen wird.

Die dann in die Hölle „Abgefahrenen“, die einst so Herrlichen, sollen und müssen akzeptieren, was ihnen da „Heißes“ widerfährt, und es mit allen Sinnen auskosten. Dies wird für sie zu einer Erfahrung, die ihnen nur einmal in ihrer nun eigenen Verdammnis für ewig geboten wird. Ach, was für eine herrlich-schöne Vorstellung, wenn Gottvater und sein verstoßener „Sohn“ so eng zusammenarbeiten – zum Guten der Menschheit, auch der bereits Verstorbenen, die unter der Knechtschaft der Kirche und deren perversen Handlungen leiden mussten.

Mit teuflischem Grinsen stellt Luzzi sich vor, wie er all seine Foltermethoden an diesen Inquisitoren und den Helfern der Erde anwendet, diese mit irrer Freude auslebt und wie er sie zum Schreien und zum Winseln um Gnade bringt. Jene wird ihnen aber nicht zuteil. Der Teufel weiß, dass die kirchlichen Folterer die Fähigkeit der Gnadenlosigkeit von Gott erhalten haben, als sie sich dem Priestertum verschrieben hatten. Sie waren gnadenlos zu ihren Schäfchen, und nun wird ihnen, dann auf brutale Weise, gezeigt, was gnadenloses Foltern bedeutet und wie sich dies an einem selbst anfühlt – mit Teufels Gnaden.

Nun, Luzzi nimmt das Angebot Gottes frohen Herzens an, macht sich mit seinen neuen Opfern auf den Weg in sein Paradies und sendet seine bis dahin Gefolterten zu Gott. Und beide sind überglücklich. Gott mit Sicherheit, denn die Priester der Erde waren bei ihm im Himmel, besonders dann, wenn er sie beobachtete und sie es bemerkten, katzbuckelnd und verlogen in ihrem Tun. Gott weiß, dass sie hinter seinem Rücken falsches Zeugnis ablegten, aber nie offen an ihn selbst gerichtet. Doch kaum drehte sich Gott weg, lästerten und spotteten sie ihm und seinem Namen, auch seiner Herrlichkeit, die sie nie anerkennen wollten und wollen. Sie gingen zu weit, und nun entfernt Gott sie aus seinem himmlischen Reich, weil es ihm endgültig reicht, wie sie ihn verarschen. Mit dem Austausch seiner Platzhalter im Himmel hat er Platz für Atheisten, Heiden, Andersgläubige und Konfessionslose geschaffen. Sie wollen nichts von ihm, ihm auch nicht huldigen oder dauernd schöntun müssen, und Gott, nun, der hat dann endlich wieder seine geliebte himmlische Ruhe – für Dinge, die er tun will. Also nicht nur auf dem Thron hocken und sich ansingen lassen. Was er anzieht, kann er auch wieder selbst entscheiden. Das nennt er dann sein von Menschen befreites, himmlisches Paradies. Und der Teufel, sein Gegenpart, hat endlich die wahren Sünder in seinem feurig lodernden Paradies. Die Höllenpartie geht jetzt erst richtig los! So sind Gott und der Teufel vereint, denn der eine kann nicht ohne den anderen existieren.

Ich behaupte nicht zu wissen, ob sich die kommende ewige Folter der Verstoßenen, der gern von Gott Ausgetauschten, so entwickeln wird, wie ich es gerade ein wenig fantasiereich niedergeschrieben habe, doch diese Vorstellung gefällt mir sehr. Abgesehen davon ist es mir schnurzegal, wie andere, besonders Christen, über meine Fantasiedarstellung eines Austausches im Himmel und der Hölle denken. Im Moment, und auch weit darüber hinaus, ist das für mich so unwichtig wie ein Leben mit dem Christentum. Oder ob eine Kirche abbrennt. Oder der Papst stirbt. Auch mal durch die Pille in der Hand eines Verräters in den eigenen Reihen?

Humor

Humor gibt es auch im Christentum

Viele Theologen verteidigen den Humor in der Kirche. Wurden sie dafür exkommuniziert? Der katholische Denker Theodor Haecker (1879–1945) stellte fest, dass der Humor ein natürlicher Ausdruck des Menschen sei. *„Der Mensch braucht Humor, um Gott ertragen zu können.“*

Vielleicht wäre die Kirchen- und Weltgeschichte anders verlaufen, wenn man dem Lachen und dem Frohsinn mehr Raum gegeben hätte. Ich denke, ich bin mit dieser Aussage ganz sicher nicht der Erste und der Einzige. Nietzsche sagt, dass er das Christentum als glaubhafter empfinden würde, wenn mehr Christen erlöster ausgesehen und mehr Humor bewiesen hätten.

Von jemand anderem habe ich Folgendes gelesen: *„Vom humorlosen Christen geht keine ansteckende Wirkung aus. Sie machen eine schlechte Reklame für ihre Sache.“*

In der Frühzeit des Christentums wurde von vielen die Auffassung vertreten, der Christ dürfe in diesem Leben nicht lachen, vielleicht weil er – das füge ich spöttisch hinzu – in der strengen kirchlichen Hierarchie ohnehin nichts zu lachen hatte. Und heute ist es nicht anders. Die Niederen des Kirchenapparates lachen schon – auf Befehl natürlich, und auch nur dann, wenn es ihnen erlaubt wird. Wenn der Obere lacht, heißt das noch lange nicht, dass auch der niedere Klerikale lachen darf. So haben die Mächtigsten der Mächtigen noch heute ihren Heidenspaß, auf Kosten der anderen.

Mir fällt es schwer, das Christentum mit Humor, mit Lachen und Scherzen in Verbindung zu bringen. Immerhin hat die katholische Kirche den Karneval in das Kirchenjahr fest integriert. Fromme Eiferer, kirchliche Fanatiker und Besserwisser haben keinen Sinn für Humor. Sie nehmen sich selbst zu ernst, um Spaß in ihrem Leben zu haben. Sie sind fest davon überzeugt, dass die christliche Religion umso wahrer sei, je radikaler und unfroher sie von ihren Anhängern verkündet und vertreten wird.

Christliche Heilige lachen selten. Wer die Geschichte der christlichen Theologie nach Komischem durchsucht, der wird nicht sofort fündig. Man muss schon sehr genau lesen, damit man etwas erheiterndes in den kirchlichen Büchern findet. Fündig wird man, wenn man das Kapitel „Osterlachen“ aufschlägt.

Selbst der fröhliche, tierliebende Franz von Assisi soll sich kritisch über das Lachen geäußert haben. Im Gelächter, so seine Meinung, spiegelt sich eitles Geschwätz und albernes Gescherze. Und doch gab es die Tradition, dass man zu Ostern in der Kirche Witze vom Stapel ließ oder ganz allgemein die Besucher der Gotteshäuser am Ostersonntag zum Lachen brachte, wenn auch hin und wieder mit schon sehr derben Witzen bzw. Sketchen. Ja, das waren noch Zeiten, da gaben sich die Priester wie Narren – oder waren sie es gar?

Heiterkeit

Ein herrliches Fundstück: In Freiburg wurde die „Omisporthalle“ eingesegnet. Auch wenn die alten Leute heute bemerkenswert fit sind, war wohl eher die „Omnisporthalle“ gemeint. Darf der Opi auch am Sport teilnehmen? Mit einem Medizinball vielleicht?

Was bedeutet „eingesegnet“? Ich kenne „segnen“, „gesegnet“, „einweihen“, „eingenässt“ … durch den heiligen Weihwasserwaschl, aber „eingesegnet“ ist mir neu. Und wann wird eine Sporthalle für die Opis eingesegnet? Die brauchen keine, die kommen (eh bald) in die Aussegnungshalle, so – kann ja sein – der Gedanke der kirchlichen Halleneinsegner. Und eine Aussegnungshalle ist auch eine Halle. Die letzte Halle vor der Hölle – oder doch vor dem Himmelreich? Und bei wem treffen sich die Eingesegneten wieder?

Wenn es schnell gehen muss, werden auch mal „Kinder“ zu „Indern“: *„Als Hirteninder hatten die drei Botschaften der Madonna empfangen“*, hieß es in einem deutschen Bericht über das Marienheiligtum Fatima in Portugal.

Klar, wenn es keine Christenkinder mehr gibt oder, anders gesagt, diese gerade nicht greifbar sind, dann rekrutiert man halt Inderkinder, von denen es zig Millionen gibt, die man dann auch gleich noch zu Christkindern macht. Und der Gott der Christen liebt sie auch. Wie die Götter der Inder darüber denken, interessiert keinen von den Christen, denn ihre Religion ist die einzig wahre.

Stilblüten von Unbekannt

„Gott schickte die Sinnflut.“ Hierzu sage ich: Ja, die sollte er tatsächlich schicken.

Im Zusammenhang mit der Ostergeschichte schrieb ein Schüler: *„Und dann haben sie Jesus in die Hölle gelegt!“* (Er meinte natürlich „die Höhle“). Na, wer weiß, ob der

Schüler bewusst „Hölle“ und nicht „Höhle“ geschrieben hat. Ich glaube, er hat das bewusst so geschrieben. Er kennt Gott und seinen Sohn, vermutlich aus eigenen, schlechten Erfahrungen.

Die wichtigsten Unterschiede zwischen den katholischen und den evangelischen Christen sind das Feiern des Abendmahls und die Bedeutung der Hostie. Dazu habe ich das Folgende gefunden: *„Nach der Wandlung im katholischen Gottesdienst sind die Hostien nicht mehr einfach nur Oblaten, sondern Lebkuchen.“* Die Lebkuchen bekommt man somit nicht nur zur Weihnachtszeit. Und wann bekommt man zu den kirchlichen Lebkuchen einen leckeren Glühwein dazu? Gar nicht, weil es der Kirche zu teuer ist. Und weil sie arm ist. Ist sie das tatsächlich?

Ein jüdischer Religionsphilosoph bezeichnete Humor als den „Milchbruder des Glaubens“ und fügte zur Erklärung hinzu: *„Wenn ein Mensch nur Glauben hat, steht er in Gefahr, bigott zu werden. Hat er nur Humor, läuft er Gefahr, zynisch zu werden. Besitzt er aber Glaube und Humor, dann findet er das richtige Gleichgewicht, mit dem er das Leben bestehen kann.“*

Humor war für Martin Buber ohne den Hintergrund des Glaubens nicht denkbar. Und der jüdische Theologe Jakob Petuchowski verurteilte eine Theologie ohne Humor sogar als Gotteslästerung. Ah do schau her, Gott und Humor gehören zusammen wie die Wurst auf das Brot oder die Hefe in den Gerstensaft. Wenn beides nicht zusammenpasst, dann ist es eine (Gottes-) Lästerung. Ich stimme der Aussage zu. Eine Religion mit erlaubtem Humor wäre schon eine feine Sache.

„Hinten im Hof zündeten sie ein Feuer an und Petrus saß mittendrin. Bei seiner Verbrennung, irgendwo in einem Hinterhof, wäre es dann nie zu dem ‚Heiligen Stuhl Petri' gekommen. Und Petrus starb kopfüber am Kreuz." Wie bitte? Petrus saß mitten im Feuer, auf einem Stuhl vielleicht? Kam es so zum heißen, „Heiligen Stuhl", als er mitten *im Feuer* saß? Und weil er sich weigerte zu verbrennen – mit Gottes Hilfe natürlich –, hat man ihn dann, nachdem man ihn vom „Heißen Stuhl" genommen hatte, rücklings auf ein Kreuz genagelt und ihn verrecken lassen?

Auf die Frage, welche Gründe die Kreuzritter hatten, auf Kreuzzug zu gehen, kam die Antwort: *„Um Jesus zu befreien."* Aha, dann lebte Jesus Hunderte von Jahren? Der muss dann bei seinem irgendwann erfolgten Tod steinalt gewesen sein. Oder befreiten die Kreuzzügler einen anderen Mann mit Namen „Jesus"? Gar nicht so abwegig, denn dieser Name ist in Israel so bekannt wie bei uns in Deutschland – besonders in Bayern – die Namen „Hans" und „Sepp".

Und zum Schluss noch ein kleiner Witz: Als Pastor Berkholz in Riga eingeladen wurde, an einer Segelpartie teilzunehmen, lehnte er ab. Nach seinen Beweggründen befragt, meinte er: *„Ach, wissen Sie, so im Segelboot – da ist man doch allzu sehr in Gottes Hand."*

Demütiger Stolz

Als Christen müssen wir stolz sein. Ja, das habe ich während meiner Recherchen so gelesen. Auf Mord und Totschlag etwa? Warum „müssen“? Warum nicht „dürfen“? Und bei der Kirche, da gibt es genau genommen nur ein „muss“, egal um was es da geht, und sei es nur, viel Unsinn zu glauben. Bei der Kirche kann man nicht entfliehen, nur weil einem mal etwas von dem, was sie sagt oder tut, nicht gefällt oder weil jemand befiehlt, was man zu tun hat. Beim „Dürfen“ hätte man noch eine Auswahlmöglichkeit, was man jedoch in der Kirche nicht gerne bei den „Gefangenen“, ihren Sklaven, sieht.

„Demut ist eine grundlegende christliche Tugend.“ Wie bitte? Hier irrt der Mensch, der das gesprochen hat. Demut ist ganz sicher keine christliche Tugend. Der Stolz wird in der Christengemeinde gewiss nicht klein gehalten. Keiner in der Kirche rühmt die Geringen. Ich frage mich, wann der Mensch von den Kirchenherrlichen als gering eingestuft wird. Wenn er kein Priester ist? Oder kein Bediensteter des Kirchenhauses? Zum Beispiel ein Orgelspieler? Ein Messdiener? Ein kirchlicher Hausmeister? Eine Haushälterin des Bischofs? Vermutlich sind die, die den Dreck der Kleriker wegräumen, bereits Geringe. Und die Gläubigen mit eingeschlossen, da sie vor dem Herrn, ihrem Gott, Sünder und mit Schmutz beladen sind. Und als Sünder, der zwar viel an die Kirche zahlt, ist man dennoch ein Geringer. Alles andere ist noch weniger als gering. Sie sind nicht existent, wenn man sie auch hört und sieht. So wie man mich hört und sieht, zumal ich über die Erhöhten schreibe, deren Anmaßung der Erhöhung nicht mehr zu toppen ist.

Wovor sollen die Großmächtigen gewarnt werden? Vor den Verkündern der Wahrheit, die viel über die Großmächtigen wissen, von dem sie aber nicht wollen, dass es bekannt wird? Wie naiv sind denn dann diese Großmächtigen zu glauben, dass niemand weiß, wie viele Leichen in ihren Kellern vergraben sind?

Gott *„zerstreut, die hoffärtig sind in ihres Herzens Sinnen; Mächtige wirft Er vom Thron und erhöht die Niedrigen"* (Lk 1,51 f.), sagt jene Magd des Herrn auf deren Niedrigkeit. Jesus fordert seine Jünger auf: *„Lernet von mir, denn ich bin sanft und demütig von Herzen."* (Mt 11,29) Und der Ranghöchste unter den Aposteln, selbst ein Gedemütigter, weiß genau, dass *„Gott den Hochmütigen widersteht, den Demütigen aber Seine Gnade gibt"* (1 Petr 5,5). Wer von den Priestern lernt von den Worten Jesu?

Der Gott der Christen wirft ganz sicher niemanden vom Thron und erhöht dafür die Niedrigen. Die hohen Herren lassen die Peitsche ihrer Macht auf die Niederen knallen und flöten ihnen ein, dass man ihnen so ein Zeichen ihrer Liebe zukommen lässt. Die Prügel und die Striemen sind Zeichen der Gnade und der Barmherzigkeit vom alles liebenden Gott gegenüber seinen geliebten Menschen. Und das Ganze beginnt schon in der Kindheit – in Kinderheimen, Erziehungsanstalten, Internaten usw.

Die Stellung der (kirchlichen) Demut soll also in keiner Weise in Frage gestellt werden. Immer fein zurücktreten und schweigen. Das Prügeln der Niederen war über viele Jahrhunderte eine Tugend der Christen. Es liegt noch gar nicht weit zurück, da durften die Pfarrer – die Religionslehrer – Kinder schlagen, wenn sie sich nicht zu hundert

Prozent auf den Religionsunterricht konzentrierten. Bei den Kirchenlehrern ist es so, dass sie von anderen erwarten, ja es fast schon fordern, dass man zurücktritt oder ausweicht und schweigt, wenn sie einem entgegenkommen. Das Reden, so ihre allgemeine Ansicht, ist Sache der Christen, wenn diese auch nicht viel Bedeutungsvolles sagen. Das Sagen zu haben beginnt schon recht bald in der Ministrantenausbildung. Da ist jeder *Mini*strant, sobald er sein Ministrantenröckchen anhat, jemand, der was zu sagen hat – so glauben sie es zumindest. Sie denken, sie wären nur noch einen klitzekleinen Schritt davon entfernt, ein Priester zu sein. Und so hat man auch dem Ministranten aus dem Weg zu gehen, den Blick zu senken und den Mund zu halten. Auch wenn es eine Omi oder ein Opi ist, die den Weg des Ministranten kreuzen. Und woher weiß ich das? Weil ich selbst mal ein schnöselhafter Ministrant war, der, kaum dass er sich das kirchliche Mini-Strantengwanderl (Chorhemd und Ministrantenrock) angezogen hatte, plötzlich jemand anderes war. Ich kam mir wichtig und erhaben vor. Ja, so war es tatsächlich! Mit Stolz, der mir nicht bekam, schritt und wandelte ich erhobenen Hauptes vor den Gläubigen umher. Ich fühlte mich wie jemand, der über anderen steht und sich über sie erhebt – erheben darf. Und jetzt kommt der Clou: Mir wurde gesagt, ich müsse mich so verhalten, denn schließlich müsse ich Würde und Erhabenheit vor Gott zeigen. In Wirklichkeit aber war ich – und das gilt nicht nur für mich – schmückende Dekoration. Ähnlich den Blumen auf dem Altar und den Kerzen in den glänzenden Prunkständern.

Nach der Messe hat man mich hin und wieder gefragt, weshalb ich so „stolz“, so überheblich wirke, auch noch im Anschluss an die Messe. Bis der Moment kam, wo ich wieder ich war, der alles andere als ein guter Christenbub. Der Bub, der lieber spielte und Unsinn anstellte – Dinge, die Gott angeblich nicht gefallen hätten. Diese Verwandlung eines einfachen Buben in einen Ministranten verändert auch den Charakter des Kindes, solange er klerikale Gewänder trägt. Diese Kinder schlüpfen in ein anderes Sein – eines, das sie auf die Menschen, die in den Bankreihen Platz nehmen, herabschauen lässt, gelegentlich sogar mit verächtlichem Blick. Oft merken sie das selbst gar nicht, weshalb sie unschuldig sind im Sinne der Anklage, denn sie wurden manipuliert. Und es ist heute noch so. Der einfache und noch unverdorbene Geist ist leicht zu führen. Die Kirchenführer wissen das und nutzen es für sich und ihre Zwecke.

Ich wollte mir das Zurechtrücken durch meine Freunde nach der Messe nicht mehr antun und beendete meinen Ministrantendienst, aber noch nicht den Weg in die Kirche, den ich gehen musste. Als Abweichler spürte ich schon bald die negative Ausstrahlung des Pfarrers und der noch diensthabenden Ministranten. Für sie war ich von nun an ein Gebrandmarkter. Das, was mir alles an Unschönem entgegengebracht wurde, verstärkte in mir das Wissen, dass die Religion, der ich doch viele Jahre lang dienlich gewesen war, eine Religion ist, die nicht das hält, was die Prediger – ob Pfarrer oder Nonnen – verkünden, und schon gar nicht der Wahrheit entspricht.

Die Erkenntnis daraus lautet: Wer von den Jungen und nun auch Mädchen die wahren Absichten des christlichen Glaubens und die Handlungen der Kirche erkennen, erfahren und erleben will, der sollte am besten gleich nach seiner Erstkommunion zum Ministranten werden. Er/Sie wird daraufhin von den älteren Kirchendienern, den bereits Erhabenen im Röckchen, in die Feinheiten, zunächst mit Sanftmut und später mit Druck, eingeführt und für den Kirchendienst passend gemacht. Er/Sie (Oberministrant/in) zeigt dem Frischling, wo es langgeht, und verdeutlicht, dass er/sie den Mund zu halten hat und nur das tun soll, was man ihm/ihr aufträgt. Denn nur wer sehr früh kuscht, wird irgendwann im gehobenen Alter ein „wichtiger" Ministrant sein. Dieser/Diese Oberministrant/in, der Fürst – nun auch mal eine Fürstin –, sind die rechte Hand, die Assistenten des Pfarrers. Sie sind es, die bereits vor ihm entscheiden, wer was als Chordiener tun darf bzw. muss, zum Beispiel die Wandlungsglocke läuten oder den Weihrauchkessel schwenken.

Was die Wandlungsglocke (auch „Altarschellen" oder ganz einfach „Schellen" genannt) betrifft, habe ich Schellen anders in Erinnerung. Bei Verfehlungen in der kirchlichen Unterbringung für Jungs wurden mir oft Schellen verabreicht. Und da klingelten keine Wandlungsglocken, sondern irgendwelche Glocken im Kopf. Da spürtest du, schmerzhaft, fast schon die Domglocke in deinem Glockenturm. Dong, dong, dong …

In vielen Gemeinden gibt es Klapperbuben. Der Begriff „Klapperbub" ist mir neu, doch das Klappern nicht. Ich klapperte bei jeder neuen Ministrantenaufgabe oft schon vor Furcht mit den Beinen, was man, glaube ich, nicht hörte und auch nicht sah, weil das Dienerkleid meine Beinchen verdeckte. Für das Klappern vor Angst gab es viele Gründe in meiner oft nicht schmerzfreien katholischen Erziehung. Darauf gehe ich jetzt aber nicht näher ein. Wer von meinen Lesern eine gute und vor allem realistische Vorstellung von Heimleben hat, der weiß, was dort alles geschehen kann, das einen vor Angst klappern lässt.

Zum Schluss möchte ich noch einmal betonen, dass mir der Stolz, den ich als Ministrant empfand, nicht bekam und auch nicht gefiel. Mein Dienst als Ministrant, den ich etwa fünf Jahre lang ausübte, zerstörte beinahe meine Freundschaft zu denen, die mit dem Kirchendienst nichts zu tun haben wollten.

Ein Ministrant bzw. eine Ministrantin sollte als Erstes lernen, dass er/sie sich nicht in jemand anderen verwandelt. Die Wandlung einer Oblate sollte nicht auch noch den kleinen Diener am Altar verwandeln. Das Dienstgewand sollte niemanden zu jemandem machen, der sich über andere erhebt und/oder auf andere herabschaut. Schon bei einem Ministranten trifft der Spruch zu: „Kleider machen Leute", und später auch mal bei dem ein oder anderen Priesterlein. Bereits im Ministrantentalar glauben manche der Ministranten, die Priester werden wollen, dass sie die Macht der Kirche in sich verspüren, die sie einmal als geweihter Gottesmann haben werden. Die kleinen und größeren Altardiener sollten deshalb nie vergessen, dass sie dieses Gewand nur im Rahmen des Kirchendienstes tragen und nicht darüber hinaus. In dem Moment, in dem sie die Kleidung anlegen, sollten sie nie vergessen, wer sie sind und wer sie wieder sein werden, wenn sie diese später ablegen. Das teure Röckchen macht den Ministranten zu einem stolzen Schauspieler vor dem Altar, dem Pfarrer und den Kirchenbesuchern. Zu mehr aber auch nicht.

Durch den aufrechten Gang ist der Mensch, der sich der Kirche mit Haut und Haaren sowie seinem Besitz verschworen hat, buchstäblich hochnäsig geworden. Er trägt die Nase nach oben gerichtet, daher auch der Begriff

„Himmelfahrtsnase“. Und wer nun als kleiner Kirchendiener nicht aufpasst, der wird auch mit einer Himmelfahrtsnase seinen Dienst für Gott ausüben. Er wird seinen Dienst nicht mit Hingabe ausüben, sondern mit Hochnäsigkeit und Herablassung gegenüber Gott und denen, die ihn anbeten.

Nun ist aber Schluss mit dem Abweichen von dem Thema, über das ich eigentlich informieren will.

In christlich-frommen Ohren hat das Wort „Stolz“ einen negativen Klang, da es als sündhafte Selbstüberhebung verstanden wird. Die Kirche ist es, die den Stolz ihrer Anhänger fördert, damit sie sich den Nichtchristen gegenüber herablassend zeigen, weil sie denken, sie seien in allem, was sie tun, besser. Und das jeden Tag und mit jedem Wort und jeder Tat. Die Lehrmeister des Stolzes sind die Priester.

Stolz zu sein bedeutet, den Nacken nicht zu beugen, Dienst und Unterwerfung zu verweigern. Dem stimme ich zu, wenn es um Christen geht. Sie beugen ihr Haupt nicht und zeigen auch keine Unterwerfung – vor keiner Gottheit. Sie sind Schauspieler, um Einfluss auf andere zu nehmen und diese dann für sich buckeln zu lassen. Unterwerfen sie sich doch einmal, dann handelt es sich um professionelle Schauspielerei – die ihr Gott aber nicht verurteilt.

Kommen wir jetzt zu den Merkmalen von überhöhten Kirchendienern – meist Prälaten. In ihrem schändlichen Verhalten und ihren Gesten, mit ihren Worten und ihrer Körpersprache präsentieren sie sich häufig auf eine Weise, die an Herablassung gegenüber den „Einfachen“ nicht mehr zu überbieten ist. Sie geben sich bedeutungsschwer, prahlerisch, unbescheiden, selbstherrlich, großspurig, aufgeblasen, großsprecherisch und noch vieles mehr. In den meisten Fällen ist dieses „Schauspiel" nicht gerechtfertigt, doch sie glauben, dass man so mit den „Niederen" verfahren muss. Der Fachbegriff für dieses Auftreten lautet: „prätentiös". Im Gegenzug haftet ihnen sogleich Dünnhäutigkeit an. Sie reagieren gereizt, wenn ihnen etwas nicht passt – etwas, was mit ihrem Job und ihrem Glauben zu tun hat. Niemand darf sich erdreisten, ihre Unfehlbarkeit in Frage zu stellen. Da sind sie verwundbar und sehr schnell kränkbar. Sie reagieren dann extrem überempfindlich und sind … keineswegs zimperlich, wenn es um Vergeltung geht.

Nur wenigen Klerikern kann man unprätentiöses Verhalten zuschreiben. Irgendwie sind aber genau diese Menschen Menschen geblieben. Schön, dass es sie gibt.

Homiletik

Homiletik ist die Kunst des Umgangs mit Menschen. Das ist etwas, was sich die Kirche gerne auf die Fahne schreibt: mit den Menschen (gut) umgehen zu können. Haha, wie lustig ist das denn? Die und gut mit den Menschen umgehen? Wenn sie etwas wollen, was meist der Fall ist, ja dann gehen sie mit ihnen gut um. Da sind sie die perfektesten Schauspieler überhaupt. Warum gibt es für solche Verarsche keinen Kirchenoskar, überreicht aus den Händen des Papstes – im Petersdom? Und was ist mit den Tieren? Gehen sie mit denen auch gut um? Klar, man hat sie sogar zum Fressen gern. Und wenn die Sau nicht spurt, dann jagt man sie über die Klippe … oder in die Metzgerei. Und der Esel und das Pferd, die ihren Zweck nicht mehr erfüllen, folgen den Schweinen gleich hinterher. So wird der Mensch – besonders der Ungetaufte, der Kirchenzahlerunwillige – nicht besser behandelt als die Tiere. Oft sogar noch schlimmer, wie es uns die Kirchengeschichte lehrt.

Krieg und Schmerz – in Gottes Namen, ja!

Was muss das für ein Gott sein, der für die Menschen, seine Schöpfung, eine Erde erschafft, die für sie das Paradies sein soll, die ihnen aber gleichzeitig die Möglichkeit gibt, Waffen zu erschaffen, um sein Geschenk, das Paradies, zerstören zu können. Und wenn das mit der Waffenproduktion so weitergeht, wird es nicht mehr lange dauern, bis man mit einem Knopfdruck die ganze Welt in die Luft sprengen kann. Mit allem, was darauf lebt. Will Gott, dass seine – oft missratene – Schöpfung sein Werk zerstört? Und jetzt braucht mir kein Pfaffe daherzukommen und zu sagen: „Gott testet seine Schöpfung, also die Menschen, und überlässt es ihnen, mit seinem Geschenk, der Erde, umzugehen, wie sie wollen. Und wenn sie lieb und nett sind, dann werden sie die Erde nicht in einzelne Bestandteile zerlegen." Wer den Schrott glaubt, der glaubt auch an den Katholikengott, der ja selbst alles am liebsten zerstört, wenn er mal so richtig angefressen ist.

Aber damit nicht genug: Er lässt auch noch unterschiedliche Religionen zu, obwohl er ja immer im Voraus weiß, was geschieht. Er weiß und wusste, dass die Menschen sich nicht einig sind, welche Religion die einzig wahre ist, die nur ihn, Gott, zum Inhalt hat. So bitten die Menschen der unterschiedlichsten Religionen, auch wenn alle eigentlich an einen Gott glauben, den Gott ihres Glaubens, der für sie ja der einzig wahre Gott ist, dass er die Menschen der anderen Religionen mit seiner Hilfe und ihren selbst geschaffenen Vernichtungswaffen für immer von der Erde tilgt. Und die Priester dieser Religionen, egal welche auch immer und egal wie auch immer man die Religionsverkünder und Wächter der anderen Religionen auch nennt, segnen dann die Waffen, um die Menschen der anderen Religionen damit schnellstens vernichten zu können. Am besten zusammen mit deren „falschem" Gott, der nicht der wahre Gott ist, wie sie stets behaupten.

Um Gott zu gefallen, führen sie Heilige Kriege mit dem Ziel, andere Religionen mitsamt deren Gott auszurotten, doch vergessen sie dabei oder nehmen es sogar bewusst in Kauf, dass ihr eigenes Volk ebenfalls zu Schaden kommt. Leider betrifft es meist die Menschen, die mit den Glaubenskriegen nichts zu tun haben wollen und lediglich in Frieden leben möchten – auch mit Menschen anderen Glaubens.

Glaubenskriege zerstören nur, und sonst nichts. Niemals schaffen sie Frieden, wie alle Glaubensgemeinschaften es verkünden. Glaubenskriege haben in keiner Weise etwas mit Liebe zu tun, auch nicht zu einem Gott, egal welchen Glaubens. Und der Gott, der diese Kriege befürwortet – so zeigt es sich mir bei jedem Religionskrieg –, ist kein Liebesgott, sondern ein Kriegsgott, der vermutlich auch noch pervertierten Spaß daran hat, dass seine irdischen Krieger sich selbst in die Luft sprengen. Ein Gott, der das alles zulässt, spielt wohl sein Kriegsspiel auf einem Schachbrett.

Warum nur diese vielen Heiligen Kriege, diese Vernichtung, dieses Leid und diese unsagbare Verachtung des Glaubens an den „einen Gott", den sie doch alle lieben und anbeten? Und warum nur lässt dieser angebliche Friedensgott das alles in seinem Namen zu? Man sagt, weil er uns, seine Schöpfung, prüfen will. Wofür? Und warum? Und da er angeblich alles weiß, warum hat er dann uns Menschen, die doch am liebsten alles wieder zerstören wollen, geschaffen? Damit die Menschen sich selbst vernichten?

Schürt er bewusst diese Glaubenskonflikte, bis es zu der Endlösung – die Welt in die Luft sprengen – kommt, weil alles, was er auf dieser Erde erschaffen hat, doch nicht liebt, was er erschaffen hat? Weil er alles, was er auf der Erde erschaffen hat, für immer loswerden will? Weil er es spaßig findet, wenn sich Menschen gegenseitig umbringen? Vermutlich aber wusste er im Vorhinein, dass seine geliebte Schöpfung sich selbst vernichten will, und das, wie bereits gelesen, in seinem ehrwürdigen Namen. Er muss Spaß an der gegenseitigen Vernichtung der Menschen haben, denn sonst würde er das Töten auf der Erde, seiner (angeblich) herrlichsten Schöpfung, erst gar nicht zulassen.

Für mich ist das, was auf der Erde an Gemetzel stattfindet, sein perverses Spiel, das an Abartigkeit nicht zu überbieten ist. Es scheint mir eher ein Zeitvertreib für Gott zu sein, was er spielt, und er berauscht sich auch noch daran. Und die Sieger all dieser vielen Heiligen Kriege kommen, sollte die Erde dann noch existieren, zur Belohnung in den Himmel ihres Gottes. Die Übriggebliebenen, nun ja, die holt der Teufel. Und der ist ebenfalls ein Produkt seiner Schöpfung!

Kirchliche Folter

Jahrmarktsbesuch in der Folterkammer des Himmels

Die Anhänger religiöser Minderheiten wurden also schon zu deren Lebzeiten mit teilweise unvorstellbarer Niedertracht von der Kirche verfolgt und getötet. Der gelegentliche kirchliche Rechtfertigungsversuch, die Andersgläubigen wären letztlich von staatlichen, nicht von kirchlichen Behörden hingerichtet worden und die Kirche hätte sogar um die „Schonung des Lebens" gebeten, ist hierbei eine an Zynismus kaum mehr zu überbietende Verfälschung der Tatsachen. Denn tatsächlich waren die staatlichen Behörden nur die Büttel der kirchlichen. Und die kirchlichen Behörden bzw. die von diesen vertretenen kirchlichen Lehren waren die Inspiratoren oder die direkten Weisungsgeber. Und schließlich war die teilweise vorgeschriebene Bitte um „Schonung" nur eine an Heuchelei nicht zu überbietende formale Floskel mit gegenteiligem Inhalt, als die Worte vordergründig zunächst suggerieren. Da das Opfer in einem Prozess aber laut Gesetz nur einmal gefoltert werden durfte, wurde das Verfahren *„nach jeder Sitzung ‚unterbrochen' und später dann ‚fortgesetzt', so dass es zu vielen Tagen Folter kommen konnte, die nur als* eine *Folterung zählten"*. Weiter heißt es wörtlich in der Theologischen Realenzyklopädie: *„Geständnisse, die unter Folter gemacht wurden, galten nicht, wenn sie nicht anschließend außerhalb der Folterkammer bestätigt wurden: Ein solches Geständnis galt als frei und nicht unter Zwang abgelegt."* Doch dies wurde von den Kirchenbeamten und kirchlichen Staatsbeamten unterlaufen. Denn: *„Wer* [außerhalb der Folterkammer] *darauf bestand, sein Geständnis zurückzu-*

ziehen, wurde als unbußfertiger Ketzer behandelt und war dementsprechend [auch] *dem Feuertod verfallen.“*

Foltermethoden

Dieter Potzel, Theologe, Online-Zeitschrift „Der Theologe“ (https://www.theologe.de/impressum.htm)
„Da gab es z. B. die Wasserfolter: Der Körper des Angeklagten wurde auf einer schräg liegenden Tischplatte festgebunden oder an straff gezogenen Seilen frei in der Luft schwebend nur von einem Schemel in der Körpermitte gestützt. Dann musste das Opfer Unmengen von Flüssigkeit schlucken: sechs Liter bei der kleinen, zwölf bei der großen Wasserfolter. Wer die Zähne zusammenpresste, dessen Mund wurde vom Henker mit einer eisernen Zange aufgerissen. Der goss dann weiteres Wasser aus einer Literkanne in den Mund des Gequälten. Viele der Opfer erstickten daran, oder sie platzten regelrecht, da After und Harnröhre verstopft oder zugebunden worden waren. Auch die sogenannte ‚Judaswiege‘ hatte es in sich. Das Inquisitionsopfer wurde mithilfe einer Seilwinde nach oben gezogen und auf die Spitze einer hölzernen Pyramide gesetzt. Sein ganzes Gewicht ruhte nun nur noch auf der Scheide oder dem After, dem Hodensack oder dem Steißbein. Die Qual wurde noch dadurch vergrößert, dass der Folterer das Opfer hochzog oder herabließ, es schaukelte oder immer wieder auf die Spitze fallen ließ. Allein schon die bloße Aufzählung der Folterwerkzeuge – der Daumen- und Knieschrauben, der eisernen Mundsperren, der Werkzeuge zum Brandmarken, der Halsgeigen und Halsketten, der um den Hals gehängten ‚Rosenkränze‘ (Länge ein Meter, Gewicht circa acht Kilo), der im Nacken des Ketzers verschlossenen

Eisenringe, der eisernen Käfige, der Kopfpressen und Schädelschrauben, der Kettengeißeln, der gedornten Halskrausen, der Zwangsgürtel, der mit scharfen Zacken besetzten ‚spanischen Kitzler' (bei dieser Foltermethode hängte man das Opfer kopfüber an ein Seil und kratzte ihm mit einer Kralle immer wieder Haut vom Körper), Scheren, Platt- und Kneifzangen, das Folter-Rad usw. usf. – vermag die perverse und erfinderische Leidenschaft der Inquisitoren und ihrer Helfershelfer zu bezeugen, demonstriert die ungeheuerliche, das kirchliche Christentum vor allen anderen Religionen auszeichnende ‚Passion der Grausamkeit'. Man mauerte die Opfer ein oder ließ sie – als Zeichen der Gnade der Tyrannen! – langsam verhungern, man ertränkte sie in Fässern, die mit Urin oder Jauche angefüllt waren, man schnitt oder sägte ihre Zunge ab oder brannte sie aus, man röstete die Ketzer auf glühendem Eisen oder erstickte sie durch das Anzünden feuchten Strohs. Nach der Erfindung des Schießpulvers ließ man dieses in ihrer Nähe explodieren, so dass es die Brust der armen Opfer aufriss. Der (Un-) Geist der Grausamkeit fand immer neue Mittel, um die Qualen der Inquisitionsopfer zu vergrößern." (Zit. nach Hubertus Mynarek, Die neue Inquisition, Marktheidenfeld 1999).

Und ja, so heißt es tatsächlich: *„Die Gequälten werden beobachtet, wenn sie in der Hölle den unendlichen Qualen ausgesetzt werden."* Und so lehrt es der „heilige" Kirchenlehrer Thomas von Aquin: *„Damit den Heiligen die Seligkeit besser gefalle und sie Gott noch mehr dafür danken, dürfen sie die Strafen der Gottlosen vollkommen schauen."* (Zit. nach Markus Enders, Jahrbuch für Religionsphilosophie, Band 7, Redaktion: Institut für Systematische Theologie der Albert-Ludwigs-Universität Freiburg, Frankfurt am Main 2008, S. 82)

Unendliche Qualen und Folterungen von angeblich ewig verdammten Seelen vollkommen schauen zu dürfen, sich an dem bestialischen Leid anderer ewiglich ergötzen zu dürfen, das nennt der größte Kirchenlehrer des Katholizismus also „höchste Seligkeit“. Das ist also die katholische Vorstellung von dem sogenannten „Himmel“ ihres Gottes. Ist das nicht abscheulich und unterweltlich? Doch diese perverse „Seligkeit“ ist offizieller Teil der katholischen Überlieferung.

Nun das, was ich zu dem eben Aufgeführten zu sagen habe:

Da es den heiligen Männern auf Erden noch nicht genug an Freude bereitete zu sehen, wie die Menschen, ob gläubig oder ungläubig, mit grauenhaften Foltermethoden zu Tode gebracht wurden, freuten sie sich schon auf das versprochene teuflische Vergnügen, das ihnen vom Himmel aus dann geboten wurde. Von dort schauen sie herab auf das erfrischende Höllenspektakel (Folter in Perfektion) der armen Teufel in der Hölle. Perfekt ausgeleuchtet mit dem strahlenden Glanze Gottes, um auch alles bis ins kleinste Detail sehen und genießen zu können. Und um das Ganze erst richtig schmackhaft zu machen, sitzen sie am Tisch, opulent gedeckt mit göttlich gesegneten Speisen. Und um die Folter der Christenunwilligen erlebnisreich und anschaulich genießen zu können, werden den himmlischen Zuschauern des Grauens leicht blutende Nierchen, aufgeplatzte Leber- und Blutwurst sowie angekokelte, den gefolterten Höllenmenschen entnommene und frisch zubereitete Lungen auf goldenen Tellern kredenzt. Fast wie in einem

Horrorfilm, den man vor dem Zubettgehen gespannt verfolgt, sich dabei ein klitzekleines bisschen gruselt – aber nur einen ganz kleinen Hauch – und dabei genüsslich sein Abendmahl einnimmt. Fehlen dürfen auf keinen Fall herrlich duftende Rippchen, die sie in ihren fettigen und schmierigen Händen knacken lassen, wenn dem Opfer, meisterlich gekonnt, die Rippen gebrochen werden. Besonders beliebt sind Schenkel und Brüstchen aus zartem Fleisch, von dem sich die knusprige Haut schält, um gleich darauf in dem gierigen Schlund der „Heiligen" zu verschwinden. Frisch Gegrilltes muss man gleich essen, sonst verliert es seine Knusprigkeit, und wer will sich schon von den Dienern Gottes einen solchen Gaumenschmaus während eines inspirierenden Höllenschauspiels in der ersten Reihe bei Gott, dem lieben, allmächtigen Herrscher des Universums, zu dessen Füßen entgehen lassen? Und im Hintergrund hört man die „Satanischen Harfenwerke" des Himmels, gespielt von den lieblichen Engelein, die in unschuldsweiße Gewänder gehüllt sind. Was kann es Schöneres geben? Einen Blutwein, um das schwere Mahl hinunterzuspülen? Und als Dessert gibt es, mit einem feuchten Schmatz oder Glitsch, ein noch schlagendes Herz von einem Menschen, der mit dem Christentum gebrochen hat. Wenn dann mal einer der blutgierenden Zuschauer die Lust verspürt, ein wenig zu foltern, aber so, dass das Blut nicht den feinen und sündhaft teuren Stoff bespritzt, und das in einer anheimelnden Folterstube mit kostbarem Ambiente dem feineren Geschmack der besseren Gesellschaft entsprechend arrangiert, dann ist dieser gegen Abgabe eines kleinen Obolus herzlich eingeladen, sich frei den Opfern zu widmen – mit Feuer und Zange und was es sonst so an niedlichen Foltererlebnisgeräten gibt, um einem Geschundenen das Herz aus dem Leibe zu reißen und sich dabei himmlisch zu amüsieren. Hui, und wie das dem Amateurfolterer gefällt, sieht man an seinem diabolischen Grinsen, wenn er den Schrei des Schmerzes vernimmt. Das sind für ihn die himmlischsten Töne, die er je zu hören bekommt. Ja, da will man doch auch gleich wieder ein guter Christ werden, um an solch lieblichen Veranstaltungen teilhaben sein zu dürfen.

Wer jetzt noch nicht aus der nun erkennbar menschenfeindlichen Kirche austreten will, der erkennt wirklich nicht, welch grausamer Gesellschaft er angehört, die er mit seiner Kirchensteuer und zusätzlichen Spenden aufrechterhält. Wenn auch heute die Folter an Menschen nicht mehr diese körperlich zerfetzenden, zerstückelnden Grausamkeiten aufweist, so haben sie stattdessen neue und wirksamsgleiche Methoden entwickelt, um Menschen zu zerstören. Diese Foltermethoden sind subtiler, jedoch nicht weniger grausam. Ihr neues Potenzial an Folter wird an der Psyche des Opfers vorgenommen. Wer damit schon einmal, kirchlich abgesegnet, zu tun hatte, der weiß, was ich meine. Und wer die Psyche eines Menschen zerstört, der zerstört dessen Seele – wenn es diese denn gibt. Unabhängig von der Seele gibt sich die Psychofolter versteckt, doch wirkt sie zunächst tief im Menschen und zeigt sich später auch nach außen – bis hin zum (erzwungenen) (Frei-) Tod. Und mit jedem Cent, den man an die Kirche der Christen zahlt – ich schreibe ja nur mal über die christliche Religion –, gehören diese Zahler umso mehr zu den Befürwortern der Menschen, die diese Unmenschlichkeiten mit einem Kreuzzeichen Gottes ausführen bzw. ausführen lassen, und dies mit viel Lust und perverser Freude. Für sie gibt es wohl nichts Schöneres, als geschundene Nichtchristen zu sehen und zu wissen, dass man sein Scherflein zu deren Qual und deren Leid beigetragen hat. Gott beschenkt sie dafür mit einem himmlisch erhabenen Gefühl der Macht, die sie über andere verspüren. Einen Platz im Paradies – auch „Himmel“ genannt – bekommen sie obendrauf.

Weitere grausame Foltermethoden

Liebe Leserinnen, liebe Leser, was verstehen Sie unter einer ewigen Verdammnis oder unter ewigen Höllenqualen?

Stellen Sie sich einmal vor, Sie halten einen Ihrer Finger in die Flamme einer Kerze. Wie geht es Ihnen dann? Und jetzt stellen Sie sich vor, Sie halten den Finger nicht nur für einen Moment in die Kerze, sondern die ganze Zeit, solange die Kerze brennt. Und kurz bevor die Kerze abgebrannt ist, zünden Sie mit der anderen Hand mit einem Feuerzeug gleich eine neue Kerze an, damit Ihrem Finger keine Pause vergönnt ist und er weiter von der Flamme umzüngelt wird. Dies wiederholen Sie den ganzen Tag, die ganze Nacht, jeden Tag, jede Nacht, 365 Tage im Jahr, alle 100 Jahre eines Jahrhunderts, bis das nächste Jahrhundert beginnt und es von Neuem losgeht, Jahrmillionen für Jahrmillionen, Ewigkeiten für Ewigkeiten. Ununterbrochen halten Sie einen Finger in die Flamme der Kerze. Es ist Ihr ewiges, sich nie veränderndes Schicksal, weil Sie z. B. aus der Kirche ausgetreten sind oder nicht glauben, dass „Gott“ Marias Leib im Grab vor Verwesung bewahrt, sondern diesen unverwest in den Himmel überführt hat. Oder weil Sie nicht damit einverstanden sind, wenn es eine von der Kirche unabhängige Wissenschaft gibt oder manches andere.

Jeder einigermaßen normale Mensch wird sagen: So eine unendliche Folter ohne Aussicht auf ein Ende dieser Schmerzen, das ist derart grausam und abscheulich, dass man es nicht in Worte fassen kann. Das kann sich nur ein abartiger und bestialischer Teufel ausdenken. Kein Diktator dieser Welt, kein Massenmörder, kein Menschenquäler oder Menschenschlächter hätte so etwas jemals erfinden und in die Tat umsetzen können.

Nun soll aber nach den verbindlichen Lehraussagen der institutionellen Amtskirchen nicht nur ein Finger, sondern der ganze Leib auf ewig im Feuer gequält werden, auch nach dem Glauben der Evangelischen. Kann man sich überhaupt noch vorstellen, wie unendlich grausam und bestialisch das sein muss?

Doch das ist nicht alles. Die Gequälten werden beobachtet. So lehrt der „heilige“ Kirchenlehrer Thomas von Aquin: *„Damit den Heiligen die Seligkeit besser gefalle und sie Gott noch mehr dafür danken, dürfen sie die Strafen der Gottlosen vollkommen schauen.“* (zit. nach Markus Enders, Jahrbuch für Religionsphilosophie, Band 7, Redaktion: Institut für Systematische Theologie der Albert-Ludwigs-Universität Freiburg, Frankfurt am Main 2008.

Unendliche Qualen und Folterungen von angeblich ewig verdammten Seelen vollkommen schauen zu dürfen, sich an dem bestialischen Leid anderer ewiglich ergötzen zu dürfen, das nennt der größte Kirchenlehrer des Katholizismus also „höchste Seligkeit“. Dies also ist die katholische Vorstellung von dem sogenannten „Himmel“ ihres Gottes. Ist das nicht abscheulich und unterweltlich? Doch diese perverse „Seligkeit“ ist offizieller Teil der katholischen Überlieferung. Es zeigt aber auch die Geisteshaltung auf.

Abartigster Sadismus wird zur Steigerung der Seligkeit erhoben *(„Damit den Heiligen die Seligkeit besser gefalle ...“)*.

Man will es nicht glauben – doch es ist wahr! Die „Maschinerie der Martern“ verfügte schon damals über eine erstaunliche Vielfalt, die die These bestätigt, dass nichts so erfinderisch macht wie die Lust an der Grausamkeit.

Körperliche Verstümmelung

Eine andere Tortur war das Schrauben und Ausbrennen der Zunge, eine weitere die Zertrümmerung der Hände auf einem Amboss bzw. das Abschlagen der Hände und Füße mit einem Beil. „Hexen“ bzw. der Unsittlichkeit angeklagten Frauen wurden bevorzugt Nase und Ohren abgeschnitten. Juden, die einen Diebstahl begangen haben sollten, wurden an den Füßen zwischen zwei ausgehungerten Hunden oder Wölfen aufgehängt. Eine ganz besondere Grausamkeit stellte das Ausweiden der Opfer dar. Ihr Bauch wurde aufgeschlitzt und ein Teil des Darms herausgenommen. Dieser wurde an einer Rolle befestigt und aufgewickelt.

Die „Eiserne Jungfrau“

Ein „Meisterwerk“ der Schmiedekunst im Dienst der Reinerhaltung des Glaubens war die sogenannte „Eiserne Jungfrau“: ein züchtiger, bis zur Erde reichender Umhang. Das Kopfteil über dem Umhang stellte ein Frauengesicht dar. In Wirklichkeit war der Umhang ein Kasten, aus Eisen gefertigt und mit Türen versehen. Auf der Innenseite der Türen sowie auf der Rückseite des Kastens waren eiserne Dornen angebracht. Das Opfer der Inquisition wurde in das Innere des Kastens gestellt, dann schlossen sich langsam die Türen, sodass *„die scharfen Dornen seine Arme durchstachen, und an etlichen Stellen seine Beine, und seinen Bauch und seine Brust, und seine Blase und die Wurzel seines Glieds, und seine Augen und seine Schultern, und seinen Hintern, ihn aber nicht töteten“*, zumindest nicht gleich. Das geschah meist erst nach ein paar Tagen der unmenschlichsten Schmerzen und Schreie.

Die „Ketzergabel“

„Religiös“ im Sinne eines Mittels zur Verteidigung des wahren Glaubens war auch die sogenannte „Ketzergabel“. Dabei wurden dem Opfer vier scharfe Spitzen in das Fleisch unter dem Kinn und in das Brustbein gebohrt, sodass es den Kopf nicht bewegen und kaum mehr verständlich sprechen konnte. Den Inquisitoren genügte es, dass das Opfer noch das Wort „abiuro“ (Ich schwöre ab) stammeln konnte, das es nur abzulesen brauchte, da es in die Ketzergabel eingeritzt war.

Säge und Pfahl

Aber auch technisch primitive Instrument wie die „Säge“ oder der „Pfahl“ erfüllten durchaus ihren von den Inquisitoren vorgegebenen Zweck. Beispielsweise brachten nach dem Sieg über die aufständischen Bauern die Lutheraner die Säge gegen einige Bauernführer wieder zu Ehren. Diese wurden mit dem Kopf nach unten aufgehängt, dann begann die zwischen den Beinen angesetzte Säge ihr Werk, indem sie sich bis zu Nabel und Brust „vorwärts kämpfte". Fast noch grausamer – wenn hier noch eine Steigerung möglich war – war das Pfählen der Angeklagten. Sie wurden in die Spitze eines Holz- oder Eisenpfahls hineingedrückt, -gepresst, -gehämmert, bis dieser schließlich, nachdem er durch den eingeölten After eingedrungen war, aus dem Magen, der Brust oder der Schulter wieder heraustrat …

„Je mehr Licht man in die Kirchengeschichte bringt, desto dunkler wird's." (Heinrich Wiesner)

Eines ist absolut sicher: Es gab noch viel mehr Foltermethoden, um den Gott der Christen zu erfreuen.

Das Christentum als Religion des Leidens

Gesegnet sei der religiöse Schmerz

Schmerzen kennt jeder. Sie sind Warnsignale des Körpers. So positiv, wenn auch schmerzhaft ihr evolutionärer Grund ist, so sehr versuchen wir Schmerzen im täglichen Leben zu vermeiden. Doch wie sieht es bei auf sich selbst gerichteten Körperverletzungen aus? Hier beziehe ich mich jetzt mal nur auf Schmerzen, die man sich aus Glaubensgründen selbst zufügt bzw. zufügen lässt. Ist das mit der Religion überhaupt vereinbar? Will die Religion die Menschen nicht von dem Übel erlösen? Klar, mit Prügel aufs Rückgrat, und das bereits bei den Kindern, die den Worten Gottes keinen Glauben schenken wollen. Verabreicht durch die Liebesverkünder ihres irren Gottes. Glaubt mir, ich weiß, wovon ich schreibe, denn mich betraf es selbst sehr oft. Und jetzt mal ganz ehrlich: Irgendwie passen Religion und sich wohlfühlen nicht zusammen. Religion und Leid dafür umso mehr. Gibt es Gründe für das Sich-selbst-Geißeln oder das Geißelnlassen? Ja, um wie Jesus zu leiden. Ein weiterer Grund ist das Ziel der Beschränkung ihrer Triebhaftigkeit. Wobei die Hüter und Pädagogen des Glaubens sehr darauf schauen, dass die Triebhaftigkeit der heranwachsenden Kinder eingeschränkt bleibt – außer wenn sie es mal selbst mit einem zu Beaufsichtigenden treiben wollen. Und ob es jemandem gefällt, wird und wurde nie gefragt.

Es heißt, dass durch die Einschränkung der Triebhaftigkeit des Priesters, des Mönches, der Nonne sie frei für Höheres sein sollen – was auch immer das bedeuten mag. Der Weg in das katholische Himmelreich ist nun mal steinig und hart. Und für den Himmel, da kann man ruhig mal etwas leiden bzw. auf verschiedenes Schöne, wie beispielsweise Sex – mit Schutzbefohlenen –, verzichten.

Die Flagellanten oder Geißler waren eine christliche Laienbewegung im 13. und 14. Jahrhundert. Ihr Name geht auf das lateinische Wort „flagellum" („Geißel" oder „Peitsche") zurück. Zu den religiösen Praktiken ihrer Anhänger gehörte die öffentliche Selbstgeißelung. Und warum? Um auf diese Weise Buße zu tun und sich von begangenen Sünden zu befreien. Um 1260 treten zum ersten Mal Geißler Gottes auf. Und was wollten sie? Sie wollten durch ihre Selbstkasteiung Gottes Barmherzigkeit erhalten. Durch intensive Werke der Buße, dem Sich-blutig-Schlagen, glaubte man Gottes Zorn milde stimmen zu können. Und ich dachte immer, dass man sich so Gott aus dem Leib und Jesus vom Kreuz prügelt. Doch falsch gedacht! Mit den Schlägen auf den Rücken, dem Bußgürtel am Schenkel und dem Ritzen der Stirn, bis nicht nur das Blut, sondern auch der Verstand herausläuft, will man Gott ganz nah sein und Eindruck schinden, um sich seine Liebe zu verdienen. Die Narren des Glaubens, die das tun, denken doch tatsächlich, ihrem Herrn im Himmel wohlzugefallen. Und was macht Gott, wenn er sieht, wie seine perfekte, wohlgeratene Schöpfung zerstört wird? Nichts, gar nichts! So wie er es bisher immer gemacht hat. Mir würde es auch nicht gefallen, wenn man das von mir wunderschön Geschaffene zerstört, um sich bei mir lieb Kind zu machen. Ah, deshalb das Gottesleiden, von Gott selbst geschaffen, zumindest für gut geheißen, für die Zerstörer des göttlich Makellosen, seines Sohnes Jesus Christus. Reicht es denn nicht, sich Gott und sein Himmelreich herbei- und schönzusaufen, wie es viele Kleriker tun? Und wenn man vom Saufen Schmerzen bekommt, auch von der (Selbst-) Geißelung, dann nimmt man danach ein oder zwei Pillen, und schon bald ist man wieder schmerz- und kopfclean – aber Gott nicht mehr nah. Huch, dann ist die Geißelung die Droge der Kleriker und seiner vernarrten Gottesanbeter. Doch dabei blieb es nicht, sie „peitschten" auch Kinder, mit Weidenstöcken, wenn sie gegen die kirchliche Erziehung und die Gebote Gottes aufbegehrten. Auch hier weiß ich, wovon ich schreibe.

Selbstgeißelungen gibt es auch in anderen Religionen rund um den Globus. Es gibt Länder, da werden mit scharfen Klingen und einem kleinen Hämmerchen Wunden in die Stirn geschlagen oder mit Rasierklingen die Stirn angeritzt. Je mehr Blut dabei über das Gesicht fließt, desto intensiver der Gottesschmerz, den die Gläubigen verspüren wollen. An anderen Orten werden mit Hacken Ketten in den nackten Rücken getrieben. Auch hier wieder: Je mehr Blut herausläuft, desto besser. Selbstgeißelungen gibt es auch in den Klöstern und in den Darkrooms von Kirchen. Und wieder gilt: Je mehr das Blut bei der Geißelung fließt, desto näher ist man Gott. Klar, wer die christliche Geißelung nicht überlebt, reist dann zu Gott. Vor der Geißelung singt man, zur Einstimmung und um den geliebten Schmerz herbeizurufen, den Psalm 6. *„Ach HERR, strafe mich nicht in deinem Zorn und züchtige mich nicht in deinem Grimm!"* Dann fällt man freudig, den Schmerz schon spürend, auf die morschen Knie und lässt die Geißelung, begleitet von drei Bittgebeten für die Mitglieder des Ordens und aller Gläubigen sowie der ganzen Menschheit, an sich ergehen. Erst der Prior oder Abt eines Klosters beendet die Geißelung durch Händeklatschen. Applaudiert er den Gegeißelten für das Aushalten der Schläge und der Schmerzen? Im Namen Gottes?

In einem Kloster darf der Mönch täglich um drei solcher Bußsitzungen bitten – das sind dann achtzehn Schläge pro Tag, die mit Liebe zu Gott entgegengenommen werden. Nein, das, was Sie in diesem Kapitel erfahren, ist kein Hirngespinst meinerseits. Woanders muss man für diese Art der geheiligten Freuden zahlen – und das nicht zu knapp. Und in den kirchlichen Ausbildungsstätten für Priester bekommt man diese Freuden umsonst. Okay, ein wenig Blut muss dafür gespendet werden. Leute, werdet Priester, oder besser noch Mönch, und geht in ein Kloster, wenn ihr auf Geißelung steht! Diese sind auch noch geheiligt, was eine Wundheilung garantiert, auch ohne Schmerztablette und/oder Heilsalbe, denn Gottesglaube verleiht nicht nur Flügel.

Beliebt sind bei den Pfaffen, besonders bei den Mitgliedern des Opus Dei, auch schicke Bußgürtel. Das ist eine mehrgliedrige Kette, deren Innenseite mit scharfen Metallteilen versehen sind. Solch schmucker Bußgürtel wird straff um den nackten Oberschenkel gelegt. Dabei bohren sich die „Stacheln" tief in die Haut und verursachen große Schmerzen. Ja, das wollen sie ja haben! Vereiterungen und Entzündungen sind keine Seltenheit.

Ein besonderer Tag dieser Qualen ist der Karfreitag. An diesem Tag wollen viele Christen sich das Leiden und die Qualen Jesu selbst antun. Sie lassen sich geißeln und anschließend an ein Kreuz nageln, bis sie halb tot in sich zusammensacken. Wer das Kreuzigen überlebt, der wird mit dem Krankenwagen in das nächstgelegene Hospital gebracht und wieder gesund gepflegt. Hoffentlich auch der

Verstand. Und ein Jahr später beginnt das irre Schauspiel von vorn – Amen.

Wer im Mittelalter Schmerzmittel verabreichte oder auch nur anbot, war in den Augen der heiligen Kirche einen Pakt mit dem Teufel eingegangen. Nicht selten wurde man dann als Hexer auf dem Scheiterhaufen verbrannt. Schon wer hoffte, mit einem Schmerzmittel seine Schmerzen zu betäuben, musste mit dem Tod auf dem Scheiterhaufen rechnen, denn Schmerz war die Strafe Gottes und musste zur Errettung der Seele ertragen werden. Die Schmerzen, die man erlitt, gaben Gott die Chance, sich barmherzig zu zeigen und die Leidenden zu erlösen, so die mittelalterliche Ansicht. Mutter Teresa ist da ein Paradebeispiel. Sie ließ in ihren Krankenhäusern – Todesspitälern – keine Schmerzmittel verteilen, denn Schmerzen waren ein Zeichen von Jesus, der für die Menschen ebenfalls Schmerzen ertrug – bis er am Kreuz starb. Schmerzen waren aus Mutter Teresas Sicht die Küsse des Herrn Jesus Christus. Gelobt sei der Schmerz, der tiefe Schmerz, der immerwährende Schmerz – weil Gott es so will. Wer das soeben Gelesene anzweifelt, der kann sich auch über dieses Thema im Internet schlaumachen und dort die Bestätigung meiner Worte einholen.

Tod

Unsterblichkeit der Seele oder Auferstehung?

In fast allen heidnischen Religionen und christlichen Konfessionen glauben die Menschen, dass sie eine unsterbliche Seele besitzen, die nach dem Tod weiterlebt – wo auch immer das sein mag. Diese Lehre scheint ein Krückstock des Glaubens zu sein, an dem sich viele andere Religionen festhalten.

Himmel, Arsch und Zwirn, nirgends in der Bibel taucht der Begriff „unsterbliche Seele" oder „Unsterblichkeit der Seele" auf – nicht ein einziges Mal! Nicht einmal die Juden glaubten zu Zeiten Jesu an eine unsterbliche Seele. Das prügelte nach seinem Tod im Zuge der neu entstandenen Religion das Christentum den Juden und allen anderen Glaubensrichtungen in gewaltsamen Orgien in die Schädel rein. Und das so lange, bis der Christengott auch sie beherrschte. Und zwar heute noch – auch wenn sie es nicht wahrhaben wollen. Das Christentum übernahmen die Unchristlichen nicht aus freien Stücken, nein, mit Gewalt wurden sie zu Christen gemacht. Schöne Worte reichten da nicht aus, da musste schon der ein oder andere sanftmütige Schlag auf den Kopf erfolgen, bis der Heide sich zum Christentum bekehrte – oft aus reinem Selbstschutz natürlich.

Im zweiten Jahrhundert nach Christus wurde die Lehre von der Unsterblichkeit der Seele als heidnisch eingestuft. Aha, der Glaube an die Unsterblichkeit hat für das Christentum wohl nicht mehr gepasst, als einige Lehrkräfte des Katholikenglaubens viele Jahre später realisierten, dass der Gottessohn ja am Kreuz starb, wenn er auch nur für drei Tage tot war. Dann erfolgte die seltsame Auferstehung des Toten – ja, des „toten Jesus" –, wie man aus der Bibel sowie aus Bibelgeschichten und Erzählungen über die Auferstehung Jesu besonders zu Ostern immer wieder zu hören bekommt. Moment mal, dann war Jesus ja immer noch tot! Dann spazierte ja ein toter Untoter durch die steinige und staubtrockene Gegend, als er Maria und später drei der Apostel begegnete. Wohin aber war dann die vorschnelle Seele Jesu verschwunden, als er tot in der Gruft lag? Und war sie froh, diesem Körper endlich entfliehen zu können? Das weiß nur Gott.

Warum hat man den geistigen Diebstahl aus dem Heidentum nicht verschwiegen? Der Christenwahn wäre klein und akzeptabel geblieben und es wäre, aber nur vielleicht, auch niemand in Gottes Namen in den vielen Jahrhunderten des Christentums ermordet worden. Wie auch immer meine Gedanken sind, eines ist sicher: Das Christentum entwickelte sich bald nach seiner Einführung zu einer beachtlichen Mordsreligion. Mit den paar Gspinnerten wäre die Welt eine friedvolle Welt – zumindest eine friedvollere Welt. Mit dieser Religion jedoch nicht.

Doch durch den Einfluss der griechischen Philosophie konnte man sich nicht länger vorstellen, dass die Seele eines verstorbenen Menschen von Gott im Kühlhaus aufbewahrt und bei der Auferstehung der Toten, irgendwann in aller Ewigkeit, in einem neuen (anderen?) Körper wiedererweckt würde. Was, in einem neuen Körper? Und so übernahmen (stahlen) die Christen die griechische Seelenlehre, dass die Persönlichkeit des Verstorbenen angeblich nicht stirbt. Für mich bezeugt das Christentum damit nur, dass sie die Allmacht Gottes, der einen Menschen zusammen mit seiner Seele wieder zum Leben erwecken kann, anzweifeln.

Und jetzt hat der Leser erfahren, dass die Frühchristen, da sie selbst zu blöd waren, etwas Neues und vor allem Eigenes zu einer Religion zu machen, sogar die Griechen beklauten, auch wenn es sich nur um geistiges Eigentum handelte. Sie, die Christen, kaufen nichts, sie erbetteln sich auch nichts (mehr). Sie nehmen sich aus anderen Ländern, ohne die Menschen dort zu fragen, einfach das, was ihnen gefällt. In diesem Fall die hochgepriesene griechische Philosophie. Alles, was die neue Religion benötigte, hat sie sich anderenorts zu eigen gemacht. Das Wie ist bekannt – hoffentlich auch jedem verbohrten Christen, selbst wenn diese es nicht wahrhaben wollen. Geistiges Eigentum ist, wenn es nicht patentiert ist, keineswegs schutzwürdig. Da raubt es sich ganz einfach, und das still und (un-) heimlich. Und Gott und Jesus schauen nur zu. Allein dadurch ist zu erkennen, dass die neue, die christliche Religion (auch) eine Diebesreligion ist. Und wer jemandem etwas stiehlt, der ist ein Sünder.

Wer an das Christentum glaubt und es praktiziert, der erlaubt den Diebstahl und dass der Dieb es als legitim erachtet, sich an dem Eigentum eines anderen zu vergreifen. Welch ein Glück, dass ich schon früh genug bei meiner „Katholikenausbildung“ mit Faustschlägen und Tritten erkannt habe, dass nicht richtig ist, was mir gepredigt und eingeprügelt wurde. Und wer hat mir zu dieser baldigen Erkenntnis verholfen? Die Lehrer/innen Gottes ganz sicher nicht. Wohl eher ein unheimlich guter Geist, der nicht aus dem Himmelreich kommt. Ja, wo kommt er dann her? Mit dem Gebot ihres „Alten“ – „Du sollst nicht stehlen“ –, ebenso wie mit allen anderen Geboten auch, nehmen es die Diener Gottes selbst oft nicht so genau.

Ich habe recht bald erkannt, wie einfach es für das Christentum war, an all die Macht und den Reichtum zu gelangen. Sie predigen vieles, was man nicht darf, doch halten sie sich selbst nicht daran. Und all die anderen, die diese Gebote glauben und befolgen, denken: Das sind aber nette Menschen, vor denen muss man sein Hab und Gut nicht verstecken (was sie besser getan hätten). Sie stehlen nichts, sie rauben nichts (Mensch, Tier, und Geistesgut) und leben nach ihren guten Gottesgeboten. Also müssen wir auch keine Angst davor haben, dass sie uns Übles tun. Denkste, genau dieser Einlulltrick, angewandt gegenüber Gutgläubigen, zig Millionen an der Zahl, verhilft den Scharlatanen zu einem raschen und freien Zugriff zu fremdem, aber begehrenswertem Eigentum.

Die Christenphilosophie unterscheidet sich extrem von der griechischen Philosophie. Wenn die Christen die „ausgeliehene" griechische Philosophie (Liebe zur Weisheit) mal für sich in Anspruch nehmen, dann drehen sie es so hin, als wäre die Weisheit auf ihrem Misthaufen gewachsen. Das Zurechtbiegen, das Verdrehen der „geborgten" Philosophie erinnert mich an die gedrehten Säulen des Papstaltars im Petersdom zu Rom. Übrigens, für mich sehen diese „Säulen" fast so aus, als wollte man damit zeigen: „Wer sich uns nicht unterwirft, wer uns nicht gewogen ist, uns verspottet, uns im Allgemeinen nicht ‚dienlich' ist mit Worten, Taten und Geld, dem drehen wir den Hals um." Wenn die Christen sich etwas zu eigen machten bzw. machen, dann ist das – so haben es alle Christen zu glauben – auf dem Gottesacker durch den Gottesgeist entstanden. So wurde aus einer grandiosen griechischen Philosophie, die sie für sich in das Kirchensystem einverleibten, eine perfekte Vernichtungsphilosophie der Katholiken. Und die schwarze Seele dieser Großsekte steckt in fast allen Diebstählen mit drin. Die Philosophie dieser Christen lautet, so meine Meinung: „Nimm dir, was dir gefällt, aber nicht gehört, und gib nichts von dem her, was du hast."

Der griechische Philosoph Platon (4. Jh. v. Chr.) nannte den Körper „das Gefängnis der Seele". Nicht der Körper des Menschen ist das Gefängnis, sondern die Kirche, die alles gefangen hält, um über sie zu herrschen – und das mit allen Mitteln. Und der Tod (durch die Folter?) sei eine Befreiung der Seele. Nein, das ist kein Spruch von mir. Das kann nur von Christen kommen – weit zurückliegend aus dem Mittelalter, oder noch weiter?

Und am Ende allen Seins holt Gott doch alle zu sich. Macht er dann die Vermoderten aus dem Sarg, die Angeschmurgelten aus dem Fegefeuer und die Verbrannten und Gefolterten wieder zu ansehnlichen Geschöpfen, mit Haut und Haaren und frei von Gebrechen – jeder Art? Und was macht er mit der Seele eines jeden Einzelnen? Steckt er diese wieder in den Körper, in dem sie dann erneut gefangen ist? Wenn ja, wo bitte bleibt da die Vernunft Gottes? Antwort: Auf der Strecke!

Der Todesschlaf

Der Tod ist wie Schlaf!? Zumindest bei den Unchristlichen ist es so. Die Christen aber werden irgendwann geweckt, um zunächst einmal für ihre vielen schändlichen Taten zu büßen. Mit viel Glück dürfen sie danach zu Gott in dessen Reich kommen. Tja, Gott holt alle seine Anbeter und schändlichen Diener zu sich in sein himmlisches Reich. Zur ewigen Langeweile? Und für alle, die durch das Christentum vernichtet wurden, ist der Todesschlaf eine Befreiung ihrer irdischen Qualen. Ich denke, sie legen keinen Wert auf das Reich Gottes.

Das Sterben bereitet den (unschuldigen?) Christen genauso wenig Angst wie der natürliche Schlaf. Wenn sie abends müde die Augen schließen, fest und traumlos schlafen und am Morgen frisch und ausgeruht erwachen, wissen sie nicht, wie viel Zeit vergangen ist. Genauso verhält es sich mit dem Tod und der Auferstehung, um nach der Erweckung in das Himmelreich zu kommen. Und wenn es schlecht läuft, dann ab in die Hölle! Was an Not auf der Welt geschieht und wie viel Leid ihre Lieben auf der Erde noch erleben, davon wissen die Verstorbenen nichts, wenn sie aus dem Todesschlaf erwachen. Auch erleben sie nichts mehr von dem Schrecken einer Welt, die auch nach ihrem Tod noch von (kirchlichen) Sünden beherrscht wird.

Die Katholiken – die Christen allgemein – können und sollen doch nicht so doof sein zu glauben, dass der Todesschlaf das Geschehene für immer verbannt, damit sie in das Paradies eintreten dürfen. Sie halten daran fest, dass ihr Gott alles weiß, sich alles (ver-) merkt und dann bestraft oder belohnt. Gibt es einen Christen, den Gott belohnen kann? Nee, die Christen sind die Ersten, die Er höchstpersönlich in die Hölle schickt, weil sie ihn, seinen Sohn Jesus und seinen Himmelsstaat mit ihrer Wahnsinnsreligion in Misskredit gebracht haben. Und für diese unguten Typen, die Gottesgut zerstören, gibt es eine extra gut geschmierte Rutsche, damit es mit ihnen auch schön schnell „abwärts" geht. Mann, das muss und wird aber eine himmlische Höllenfahrt auf der langen Rutsche in das Fürstentum Luzifers sein. Hui, wie das dann flutscht und abgeht! Einfach herrlich schön, wie ein wunderbarer Traum für alle … freien und gottlosen Menschen. Und der Deife bedankt sich mit einem Wink seines Dreizacks bei seinem lieben „Papa" für den Nachschub, auf den sich seine höllischen Folterer bereits himmlisch freuen. Und solange es diese Sektenmitglieder gibt, geht dem Höllenreich nie der Nachschub aus. Huch, dann hat ja dieses Christentum doch was Gutes erbracht, wenn auch nicht gewollt. Ach was soll's, vergiss es!

Und jetzt noch etwas wirklich Aussagekräftiges: *„Wer behauptet, dass der Mensch nach seinem Sterben weiterlebt, der widerspricht damit Gott selbst, der gesagt hat, dass die Folge der Sünde der Tod ist und nicht ein ewiges Leben in seinem Geisterreich."* (1 Mo 2,17; Röm 6,23)

Sterbehilfe

Nun, es gibt bereits viel zum Thema Sterbehilfe zu lesen, auch was die Priestergemeinschaft der Katholiken dazu sagt. Ich selbst habe meine Meinung über Sterbehilfe, die sich ganz sicher von den Ansichten vieler unterscheidet.

Und es ist mir egal, was andere von meiner Ansicht halten. Jeder hat dazu eine Meinung, und wenn die Meinungen unterschiedlich sind, entsteht eine kontroverse Diskussion, die dann, so meine Hoffnung, das Beste für den hervorbringt, der sterben will, mit oder ohne Hilfe – von wem und durch wen auch immer. Niemand hat das Recht, Menschen, die unsagbares Leid erleben, unnötig weiter leiden zu lassen, wenn der gewünschte Tod durch die Hilfe eines anderen dem unsagbaren Leiden endlich ein Ende bereiten könnte. Menschen, die anderen das Beenden von Leid durch Sterbehilfe versagen, mangelt es an Empathie, das Richtige zu tun. Sie verstehen den Wunsch zu sterben nicht. Sie sind es aber, die darüber entscheiden, ob der betreffende Mensch leidet und mit Schmerzen – auch seelischen – weiterleben muss.

Was ich als abscheulich empfinde, ist, dass ein deutscher Kardinal sagte, der Mensch dürfe nicht frei über sein Leben entscheiden. Damit besagt er, dass der Mensch unfrei ist, auch, und gerade, wenn es um das (freiwillige) Sterben geht. Was glaubt er denn, wer er ist? Der Richter über die Menschen? Der Entscheider, ob ein Mensch aus freiem Willen sterben darf – oder eben nicht? Hat er vergessen, dass viele seiner Vorgänger selbst Sterbehilfe geleistet haben? Heute noch nennt man es Mord – auch wenn man selbst nicht immer Hand angelegt hat. Ganz sicher befanden sich darunter Personen ihresgleichen, die nicht sterben wollten, denen man schnell und gerne mal unter die Arme griff und eine rasche Hilfe angedeihen ließ. Ein kleiner Sterbehilfestups kam dabei immer gut an. Die etwas feinere Art der Sterbehilfe verabreichte man dann in Trinkgefäßen (Schierlingsbecher) oder auch mal zum letzten Abschiedsabendmahl. Weitere lieblich verdeckte Sterbehilfemethoden waren im klerikalen Räumen äußerst schick, um dem unwürdigen, ungeliebten und auch mal armen Bruder im Geiste einen würdigen Abgang zu verschaffen – und sich selbst so einen freien Platz zu ermöglichen, den man dann rasch einnahm. Der steht einem nach so einer Hilfsbereitschaft ja wohl noch zu, oder? Dafür hat man schließlich (s)eine Gottesgnade mit segensreicher Hand, wenn es auch nicht immer die eigene war, einem „Sterbehilfesuchenden" weihend gereicht. Kann man angesichts so viel Hilfsbereitschaft ein schönes Fazit ziehen? Ja, diese vielen feinen Arten der Sterbehilfe blieben, meist zumindest, in den eigenen klerikalen Reihen. Und so kann es auch weitergehen.

Wenn es einen Gott gibt, ein Wesen, das alles – wirklich alles, leider auch das Böse – geschaffen hat, sich aber das Gute auf die Fahne schreibt – schreiben lässt – und auch so wirken will, wird dieser niemals zulassen, dass seine Schöpfung, seine göttliche Schöpfung, unter Schmerzen leidet, bis dass der Tod den Menschen dahinrafft. Er wird sich auch nicht das Handeln entreißen lassen. Und doch sind es die christgläubigen Menschen, die sich über die Entscheidungen eines Allmächtigen hinwegsetzen und schwerkranke Menschen in Gottes Namen leiden lassen – bis diese verrecken. Ja verflucht noch mal, in Gottes Namen!

Gott gab allen Menschen Entscheidungsfreiheiten, vermutlich dann auch, wie man sterben will. Diese Entscheidungsfreiheit gilt wahrscheinlich nicht nur für die niederen Priester und deren senile und halb verrottete Kirchenfürsten. Wenn man sehr krank ist und nur noch unter unsagbaren Schmerzen sein Leben fristet, gilt doch auch das Entscheidungsrecht, dass und wie man sterben möchte – behaupte ich jetzt mal ganz salopp. In schlauen und allwissenden, oft in schwarzes Leder gebundenen Büchern kann man das so immer wieder lesen. Doch solch eigenmächtiges Verhalten wie Selbsttötung oder mit der Hilfe zur Selbsthilfe von guten Menschen, um sich von seinem Leid zu erlösen, ist gottesunwürdig und eine Sünde vor dem allmächtigen Gott. Allein schon deshalb, weil der todsuchende Mensch sich und seinem Körper keine Schmerzen mehr aussetzen will, da es ein von Gott gegebener Körper ist. Was ist das denn für eine verdrehte Rabulistik? So etwas kann doch wirklich nur dem Scheiterhaufen Gottes entwachsen sein. Will man seitens der Kirche den Leidenden, aber auch allen anderen Menschen bereits hier auf Erden klarmachen, was man in der Hölle an Qualen erleiden wird, wenn man Selbstmord begeht, um sich von den (Gottes-) Schmerzen befreien zu wollen? Sind die Schmerzen, das Leiden hier auf der Erde, nur ein ganz kleiner Vorgeschmack dessen, was dann das ewige Leiden im Höllenfeuer, im Himmel sein wird?

Kein Priesterlein braucht mir daherzukommen und zu sagen, dass Gott seinen Sohn am Kreuz unter Schmerzen, die zum Tode führten, mit Absicht sterben ließ. Und damit einhergehend, dass der leidende, schmerzerfüllte Mensch das nun gefälligst auch zu erdulden hat, bis Gott ihn abholt und nach langer Leidenszeit endlich von seinen grausamen Schmerzen befreit.

Ist Gott der Sadist oder der Mensch im bunten Rock, der glaubt, eine Entscheidung wie mit einem Hammerschlag auf dem Richterpult treffen zu können? Dem es egal ist, dass jemand leidet? Es ist leicht, eine Entscheidung über andere zu treffen, solange man selbst kein schmerzlich Betroffener ist. Doch wehe, man erleidet selbst unsagbare

Qualen, dann will man rasch davon befreit werden, und sei es nur noch durch den Tod – durch die, aus meiner Sicht, gnadenvolle Sterbehilfe.

Würde ein Priestermann seine engsten Verwandten bis in den erlösenden Tod leiden lassen, damit er nicht in Konflikt mit seinen Kirchengesetzen gerät? Ich habe keine Ahnung, was in den Köpfen der Kirchenmänner vorgeht, um Gott und dem Papst, ihrem direkten Herrn, nicht zuwiderzuhandeln. Doch eines ist für mich sicher: Sie wissen nicht, was sie tun. Sie wollen aber auch nicht wissen, was sie den Leidenden an Abscheulichem antun – bis es sie selbst trifft, sie in die Knie zwingt und sie betteln lässt, dass sie sterben dürfen, um die Gottesqualen nicht mehr ertragen zu müssen. Fast möchte ich sagen: Hoffentlich ist niemand bereit, ihr Leiden zu beenden. Doch da wäre ich nicht besser als sie. Also, in Gottes Namen, lasst sie/ihn sterben!

Und jetzt noch ein Tipp für die Kirche – und wenn er auch noch so makaber klingt –, wie sie mit den Toten, ehe sie verscharrt werden (Ab in die Grube!), Geld machen können: Vermietet doch Tote (Omis und Opis) für kleine private Trauerstunden zu Hause. Motto: „Rent a Death“. Und wenn die eh schon sichtbar in der Auslage wie Fleisch und Wurst zur Besichtigung herumliegen, kann der Interessent auch sofort sehen, was er für seine private Trauerfeier für viel Geld bekommt. Aber bitte nur Frischware, einen Tag alt. Schließlich will man knackig frische Ware (Leiche zur feierlichen Totenfeier mit Tröte, Konfetti und Luftballons) für Freunde und Bekannte im engsten K(G)reise einer stillen Gedenkstunde haben. Und danach gibt es noch das obligatorische Totenmahl (Hostie und Messwein). Bin ich jetzt abartig? Leute, abartig sind die Herrscher und die kriechenden Höflinge des christlichen Glaubens. Sie sind es doch, die mit seltsamen Kultveranstaltungen erst den Geist der Menschen in Aufregung und Wirrungen versetzen. Mich ja auch, sonst würde ich ein solches Buch nicht schreiben – wollen.

Wenn mich nicht alles täuscht, werden Tote nicht mehr für Angehörige und Schaulustige aufgebahrt, damit sie sich von ihnen, auch mal mit (Schaden-) Freude verabschieden können. In etwa so: „Hädasd ned so vui gfressn und gsoffa, dann dadasd heid no leb'n." Oder: „Hädasd ned oiwai so grandld und gfluachd, dann häd di der Schlag ned droffa. Bisd selbsd schuid, dasd jetzd dod do liegsd." Darf es noch eine weitere Liebenswürdigkeit sein? Ja? Okay, bitte schön: „Endlich is de oide Zwiederwurzn vareckd. Jetzd hama, Gott seis gedankd, unsre Rua vor dera leidign (ärgerliche, lästige, unangenehme) Person." Viele weitere Nettigkeiten über Gleichgesinnte, den Pfaffen kennt man in der Katholikengemeinde genug. Da sind die Gottesmannen und Mannsweiber ganz sicher nicht anders. Da wird auch über ihresgleichen gelästert, bis einem die Schamesröte ins Gesicht steigt.

Oder war die Nachfrage nach Toten (erste Ware, zweite Ware) zu gering, um diesen Beschauaufwand weiter zu betreiben? Nun, ich würde auch nicht wollen, dass man mich tot zur Schau herumliegen lässt. Einige in meinem Umfeld sind sicher froh, wenn ich für immer einen Abgang mache und sie mich nicht mehr schauen und ertragen müssen. Ja, gewiss, oder kann irgendjemand von sich behaupten, nur Freunde zu haben? Ich habe mit Sicherheit nicht nur Freunde, und nach diesem Buch auch ganz sicher keinen mehr aus der katholischen Gemeinschaft.

Deshalb zum Schluss noch ein Adiós (spanischer Gruß: „zu Gott" bzw. „Gott befohlen").

Auferstehung der Toten? So ein Unsinn!

Bonifatius VIII., Papst von 1294 bis 1303, tat sich privat mit höchst pragmatischen Ansichten hervor. Er vertrat die Ansicht: „*Geschlechtsverkehr und die Befriedigung der Naturtriebe ist so wenig ein Vergehen wie Händewaschen.*“ Paradies und Hölle sah er nur im Diesseits: „*Wer gesund, reich und glücklich ist, hat das Paradies auf Erden.*“ Allgemein anerkannte Glaubensgrundsätze waren für ihn purer Unfug: „*Die christliche Wahrheit ist, dass ein Gott existiert, dagegen ist die Reihe des Unwahren lang, sie schließt Dreieinigkeit, jungfräuliche Geburt, Menschwerdung Christi, die Verwandlung von Brot und Wein in den Leib Christi und die Auferstehung der Toten mit ein.*“

Persönlichkeiten

Einstein über Religion

Albert Einstein sagte: *„Gott würfelt nicht."* Weiter ist von ihm zu lesen – auch im Internet: *„Ich glaube nicht an einen persönlichen Gott und ich habe dies niemals geleugnet, sondern habe es deutlich ausgesprochen. Falls es in mir etwas gibt, das man religiös nennen könnte, so ist es eine unbegrenzte Bewunderung der Struktur der Welt, soweit sie unsere Wissenschaft enthüllen kann."*

Eine weitere kritische Anmerkung Einsteins zur Religion lautet: *„Das Wort Gottes ist für mich nichts als Ausdruck und Produkt menschlicher Schwächen, die Bibel eine Sammlung ehrwürdiger, aber doch reichlich primitiver Legenden, welche doch ganz schön kindisch sind. Keine Interpretation, wie feinsinnig sie auch sein mag, kann das (für mich) ändern. Für mich ist die jüdische Religion wie jede andere der Inbegriff des kindischsten Aberglaubens."*

Beim Humanistischen Pressedienst vom 16. Mai 2008 habe ich Folgendes entdeckt, das ich mit wenigen Auszügen hier nun wiedergebe.

Übersetzung: Andreas Müller. Quelle: James Randerson. Childish superstition: Einstein's letter makes view of religion relatively clear. Guardian. 12. Mai 2008.

In einem unveröffentlichten Brief von Albert Einstein steht, dass er die Debatte über seine religiösen Ansichten beendet. Albert Einstein sagte: *„Wissenschaft ohne Religion ist lahm, Religion ohne Wissenschaft ist blind."* Aufgrund dieses berühmten Aphorismus folgten dann endlose Debatten zwischen Gläubigen und Ungläubigen, die den größten Wissenschaftler des 20. Jahrhunderts unbedingt zu sich zählen wollen. Einstein ließ keinen Zweifel daran aufkommen, dass er kein Unterstützer religiöser Glaubenssysteme war, die er für *„kindischen Aberglauben"* hielt.

1921 antwortete Einstein auf die besorgte Frage eines Rabbis, ob er denn auch an Gott glaube, mit folgenden Worten: *„Ich glaube an Spinozas Gott, der sich in der gesetzlichen Harmonie des Seienden offenbart, nicht an einen Gott, der sich mit dem Schicksal und den Handlungen der Menschen abgibt."*

Einstein besuchte eine katholische Grundschule und erhielt zur gleichen Zeit Privatunterricht im Judaismus. Dies war der Ansporn für das, was er später als sein „religiöses Jugendparadies" bezeichnete, während er religiöse Regeln einhielt, wie etwa kein Schweinefleisch zu essen. Es blieb jedoch nicht lange so und im Alter von zwölf Jahren hinterfragte er den Wahrheitsgehalt vieler Bibelgeschichten. Die Folge war eine geradezu fanatische Orgie des freien Denkens, die sich mit dem Eindruck vermischte, dass die Jugend durch den Staat mit Lügen verblendet wird; es war ein vernichtender Eindruck.

Zu Spinoza ist Folgendes zu berichten. Baruch de Spinoza wurde in Amsterdam geboren. Er lebte von 1632 bis 1677 und war ein Philosoph jüdischer Abstammung. Er wollte Rabbiner werden, wurde aber im Alter von 23 Jahren wegen mündlicher Ketzerei aus der jüdischen Gemeinde ausgeschlossen.

Zitate von Spinoza

„*Jeder hat so viel Recht, wie er Macht hat.*" Und die Mächtigen der Kirche haben mehr Rechte als der normal Sterbliche – durch Gottes Gnaden … und auch noch immer durch die Politik.

„*Der freie Mensch, der unter Unwissenden lebt, sucht, soviel als möglich, ihren Wohltaten auszuweichen.*"

„*In Wirklichkeit aber sind Habsucht, Ehrsucht, Lüsternheit usw. Arten des Wahnsinns, obgleich sie nicht zu den Krankheiten gezählt werden.*" Und die Kranken in den kirchlichen Krankenhäusern (Dom, Kathedralen, Kirchen, Kapellen usw.) herrschen über die Gesunden – die, die mit der Kirche und ihren krankmachenden Thesen und Handlungen nichts zu tun haben wollen.

Und so wie viele Große der Weltgeschichte es mit dem freien Denken halten, so halte ich es auch mit *meinem* freien Denken, so wie mit gesagten und geschriebenen Worten – wenn es auch nicht allen gefällt.

Abschließend ein Sinnspruch, an dem ich mich gerne orientiere. „*Nein danke, ich denke selber!*"

Nietzsche – für oder gegen Gott

Nietzsche diagnostizierte und prognostizierte vor über hundert Jahren zunächst für Europa ein Bewusstsein, das ohne „Glauben an den christlichen Gott" auszukommen gedenkt.

Eine weitere Aussage Nietzsches lautet: *„Gott ist tot."* Das heißt, der Gott der Christen ist für viele Menschen gestorben. Dass er für viele Menschen gar nicht mehr existiert, ist bis heute leider noch nicht bei allen der Fall. Sehr aufschlussreich ist, wie Nietzsche diese Geschichte dann enden lässt: *„Was sind denn die Kirchen noch, wenn sie nicht die Grüfte und Grabmäler Gottes sind?"*

In späteren Werken, vor allem im „Antichrist", wird von Nietzsche immer wieder die These aufgestellt, dass gerade das Christentum an „Gottes Tod" schuld sei. Nietzsche war klar, dass weder ein Mensch noch eine Religion Gott töten könne. Dann schon eher die Idee Gottes oder der Glaube an Gott.

Mit ständigen Moralpredigten, Dogmen (kirchliche Glaubenssätze, Lehrmeinungen) und Strafen für begangene Sünden können die Menschen eingeschüchtert werden – und so geschieht es auch. Hinzu kommt, dass ihnen damit ihr Selbstwertgefühl genommen wird. Und das alles im Namen Gottes. Das ständige Vorhalten von Moralpredigten und Strafandrohungen (ewiges Höllenfeuer) geht so weit, bis der Mensch gebrochen wird. So war es früher, und da gelang es noch einfacher, weil die Mehrheit der oft ängstlichen Gläubigen weder lesen noch schreiben konnte und deshalb von den Kirchenmännern beeinflusst bzw. verängstigt werden konnte. Irgendwann gehen die (gläubigen) Menschen vor Furcht gegenüber der Kirche in die Knie und tun alles, was ihnen die Kirchenführer diktieren. Gegen dieses kirchliche Bollwerk manipulativer Macht im Namen von Religion rannte Nietzsche Sturm. Er sagte:

„Ich würde nur an einen Gott glauben, der zu tanzen verstünde.“

Wenn auch Gott (noch) nicht tot ist, so sind die Menschen doch bereits auf dem Weg, es hinzubekommen, dass (auch) er stirbt. Seinen (angeblichen) Sohn, den haben sie bereits getötet. Der aber wurde durch die noch vorhandene unzerstörbare Kraft seines Vaters wiederbelebt, um zu zeigen, wer des Menschen Gott (noch) ist. Lange wird es nicht mehr dauern, und die Herren des Klerus mit dem Mann in Weiß werden Gott zum Teufel jagen. Die Menschen sind nun mal so. Sie wollen immer mehr Macht haben, und wenn nur noch einer über ihnen steht, dann werden sie den auch noch verjagen oder vernichten. Vernichten ist ihnen da am angenehmsten, denn wer vernichtet ist, kann nicht mehr zurückkommen, um die Macht wieder an sich zu reißen. Und bei Gott machen sie auch keine Ausnahme.

Ach ja, merkt der eigentlich gar nicht, was da im Geheimen abläuft, um ihn aus dem Weg zu räumen? Oder ist er so überheblich und von sich derart überzeugt, dass niemand ihn vom Thron schubst? Vermutlich ja! Und wie bekannt, kommt Hochmut vor dem Fall. Da fragt man sich, wer zuerst zu Fall gebracht wird.

Dem Gott im Himmel werden solche seltsamen Helfer von der Erde aus nach dessen Tod, so liest und hört man, immer wieder in den Himmel geschickt. Kaum „oben“ angekommen, erhalten sie den Heiligenstatus und unterwandern schließlich das Gottesregime, um ihren geliebten Gott zu entthronen.

Gott, so kann ich nur sagen, hüte dich vor der Hydra! Das Teuflische des Menschen kennt keine Grenzen und dringt bis in dein Himmelreich ein.

Zigtausende von mörderischen Heiligen hat der Vatikan schon zu dir, oh du uneinsichtige, arrogante und ignorante Herrlichkeit, gesendet. Und viele weitere Despoten werden noch folgen, um über deine Heerscharen von Engeln herzufallen und dich zu stürzen. Und diese sind deine ach so geliebte Schöpfung, über die sich bereits der Teufel, als er noch dein Lichtbringer war, verächtlich geäußert hat? Gott, hast du nicht vorhergesehen, was an Unmengen von Fehlschöpfung du selbst erschaffen wirst und auch erschaffen hast? Diese, deine geliebten Schöpfungen sind nun deine Feinde, die dir jahrelang in den … schlüpften. Oder bist du so klug und siehst alles voraus und lässt sie letztlich doch gewähren, was auch immer sie hinter deinem Rücken planen, um dich zu entthronen? Gott, betreibst du nur ein Spiel mit deiner Schöpfung, um zu sehen, wer gut geraten ist und wer nicht? Ich nenne das pervers, wenn es so ist. Nach welchen Kriterien bewertest du die Menschen? Nach ihrer Anbetung, Lobpreisung und ihren Lobliedern, um sich bei dir lieb Kind zu machen? Auch wenn es nur Schauspielerei ist? Oder danach, wer dir die meisten Himmelsschäfchen beschert, die du dann in deinem Garten Eden Gras fressen lässt, und wenn sie dick und fett sind, ziehst du ihnen das Lammfell über die Ohren und lässt aus dem Fleisch einen Braten machen? Nun, wie auch immer, du wirst schon wissen, was du tust – wenn es dich denn gibt. Tust du das bei deinem Sohn auch, der doch das Lamm Gottes ist?

Gesagtes über einen Gott

Stephen Hawking

„Die Religion ist ein Märchen für diejenigen, die sich vor der Dunkelheit fürchten."

Al-Ma'arri

„In dieser Welt gibt es nur zwei Sorten Menschen – intelligente Menschen ohne Religion und religiöse Menschen ohne Intelligenz."

Galileo Galilei

„Ich fühle mich nicht zu dem Glauben verpflichtet, dass derselbe Gott, der uns mit Sinnen, Vernunft und Verstand ausgestattet hat, von uns verlangt, dieselben nicht zu benutzen."

Baudelaire

„Gott ist das einzige Wesen, das, um zu herrschen, noch nicht einmal existieren muss."

Kaum zu glauben – aber wahr

Austritt – kommt nicht in Frage

Mit dem Missbrauch wird Missbrauch getrieben. Der Katholizismus wird verteufelt und der Papst lautstark angegriffen. Als bekennender Katholik plädiert M. für Besonnenheit – und nimmt seine Kirche in Schutz: In seiner katholischen Internatszeit, so schreibt er, habe er nur positive Erfahrungen gemacht.

Eigentlich wollte ich mich jetzt nicht erneut mit dem Thema der vergewaltigten Kinder auseinandersetzen, doch hier mache ich eine (kurze) Ausnahme. Und warum? Weil ich gelesen habe, wie ein ehemaliger Internatsbewohner nur von positiven Erfahrungen berichtet und dabei regelrecht schwärmt, was er in diesem katholischen Internat erlebt hat. Das freut mich für ihn, doch soll er bitte nicht so naiv sein zu meinen, dass er mit seiner positiven Einstellung nach seiner Erziehung im Internat andere glauben machen kann, dass er damit schon alles, was an Grausamkeiten – ob physisch oder psychisch, und das sogar in Kombination – bei der Vergewaltigung an Kindern geschehen ist, von den beiden großen Kirchen, begangen durch Priester und deren kirchliche Helfer in der BRD, mal schnell vom Tisch wischen kann. Glaubt er denn wirklich, alle anderen, besonders die Betroffenen, sind so blöde und lassen sich von seinem gebetsmühlenartigen Gebrabbel überzeugen, die Vergewaltiger von ihren Sünden freizusprechen? Ja, das glaubt er, so meine Vermutung, tatsächlich. Natürlich gibt es für die (kirchlichen) Erzieher in Internaten und Heimen herrliche Zeiten, solange das, was so schön unter der Bettdecke und/oder unter der Dusche mit dem Auserwählten – dem Opfer – abläuft, nicht nach außen dringt. Wenn man das Kind fest in seiner Gewalt hat, mit Drohungen und Schlägen bei Missachtung der ihnen aufgezwungenen Schweigepflicht, ist alles schön und herrlich himmlisch.

„Ich bin nicht wissend katholisch zur Welt gekommen und damit aufgewachsen", sagt er. *„Ich wurde vom ersten Tag an katholisch erzogen und auch katholisch geprägt."* Na, dann erging es ihm wie mir. *„Ich werde wohl auch katholisch sterben"*, so seine weiteren Worte. Hier trennen sich unsere Wege. Er sei so katholisch, wie er ein Mann sei, heißt es. Des Weiteren sagt er, er habe sich die katholische Religion nicht ausgesucht (ich auch nicht), wenn er jedoch die Wahl gehabt hätte, hätte er sie gewählt. Ich nicht. Er sagt aber auch, dass sich ihm der Magen umdrehe, wenn er an die vielen Missbrauchsfälle denke, die unter dem Deckmantel der Kirche geschehen seien. Für ihn sind diese Verbrechen eine Sünde, doch die katholische Religion lässt sich dafür ganz sicher nicht verantwortlich machen, auch wenn es versucht wird.

Ist dieser Mann krankhaft naiv? Sind es aus seiner Sicht immer nur die Weltlichen, aber nie und nimmer die Vergewaltiger und Schläger der Kirche, die unsägliches Leid über die Vergewaltigten und Geprügelten gebracht haben? Ob Gott ihm jemals sein Geplapper vergibt? Gott vergibt immer, heißt es, doch die Opfer tun dies wohl nicht – zumindest nicht alle, was zu verstehen ist. Und wenn ein Opfer vergibt, dann ist es ganz sicher ein besserer Mensch – vielleicht sogar ein Katholik – als die Missetäter, denen für ihr Handeln kaum eine harte Strafe auferlegt wird und wurde. Da haben ihre mächtigen Herren schützend die Hand über ihre Mitarbeiter gelegt.

So, und jetzt ist es hier genug für mich, doch niemals genug, um nie wieder darüber zu reden und zu schreiben – von wem und über was auch immer.

Doch muss ich mich ein wenig, wenn auch schweren Herzens, zurücknehmen mit dem, was ich über die Kirche schreibe, sonst senden die Hohepriester mir einen Schnipser und einen Knipser, um mich auszuschalten. Der Schnipser schnipst mit den Fingern, zeigt auf mich wie Judas auf Jesus, und der Knipser schaltet dann bei mir für immer das Lebenslicht aus, und das im Namen des Vaters, des Sohnes und des Heiligen Geistes. Zum Gedenken meiner, den man dann endlich loshat, wird eine Kerze angezündet, damit ich auch den Weg in die Hölle finde, um mir dort mein Schandmaul – der Verkündung der Wahrheit – zu verbrennen oder in Ewigkeit unter dem unlösbaren Band des Kirchenbannes dahinzuvegetieren.

Abgeschoben und vernichtet?

Personen, die die Kirchengemeinde freiwillig, aber auch unfreiwillig verlassen haben, werden von ihrer einst geliebten Kirche, vertreten durch ihre Kirchenherren, in ein Abseits geschoben, und das sehr häufig mit unmenschlichen Methoden, die sie auch immer wieder mal mit abscheulichen Taten würzen. Damit meine ich Denunziation, Entzug von Lehrbefugnis usw. Ich selbst kenne ein paar der Betroffenen, die seit ihrem Kirchenaustritt und dem Ende ihrer Priesterschaft noch immer unter der Boshaftigkeit der Kirche zu leiden haben.

Besonders schlimm zeigen sich Kirchengläubige, die meinen, dass man diese Abtrünnigen und „entlassenen" Personen auch noch selbst persönlich strafen muss. Diese „Strafen" machen sich oft durch grausame Auswüchse des menschlich abartigen Charakters – und darunter verstehe ich typisch überspitzt katholisch geprägtes Verhalten – bemerkbar. Diese gutgläubigen Menschen meinen tatsächlich, sie müssten der Kirche in ihrem Verlust zur Seite stehen, indem sie die „Sünder" selbst bestrafen, um den (angeblichen) Schmerz der Kirche zu mindern. Dabei ist es ihnen egal, ob ein „Kirchenentlassener" und/oder ein freiwillig Ausgetretener zu Tode (Durchschneiden der Bremsschläuche am Auto) kommt oder den Freitod wählt, weil er dem Hass nicht mehr entgehen kann, der ihm von einstigen „Freunden" entgegengebracht wird.

Ja, es gibt Berufene des Glaubens, die in ihren vielen Jahren der Kirchenzugehörigkeit tatsächlich viel Gutes für die Menschen, ob gläubig oder ungläubig, getan haben, da diese ihrer Hilfe und ihrer Güte bedurften. Sie sind es aber auch, die erkennen, was in der Kirche, ob katholisch, oder evangelisch, falsch läuft und nicht mit ihrem eigenen Zutun geändert werden kann, weshalb sie diese Glaubensgemeinde verlassen. Schließlich bestraft die Kirche sie dafür, dass sie das böse Spiel nicht mehr mitmachen möchten. Diesen Männern, aber auch Frauen – ich nenne sie hier einfach mal „Erkennende" – gebührt die größte Anerkennung und Hilfe, damit ihnen nicht mit zerstörerischem Hass begegnet wird. Sie sind es, denen man in der neuen Zeit stark zur Seite stehen muss, wenn sie selbst zu schwach sind, um mit dem „neuen Leben" umgehen zu können. Und ja, für mich spielt es dann keine Rolle – mehr –, dass diese Priester sich einst dem Kirchenapparat hingegeben haben. Sie haben dies getan, weil sie das Gute und die Liebe für die Mitmenschen, mit denen sie tagtäglich zu tun hatten, hingeben wollten. Irgendwann erkannten sie mit Schrecken, dass ihr Arbeitgeber den Schwachen der Gesellschaft wissentlich viel Leid zugefügt hat. Menschen, die mit der Liebe leben, mit ihr leben wollen, verlassen eine Gesellschaft, die nur Liebe predigt und doch (fast) nur Schläge verteilt. Die Priester, die die Kirche für immer verlassen, sollten nicht nachträglich bestraft werden. Sie erlangten während ihres Dienstes für Gott die Erkenntnis, dass ihre Tätigkeit mit der Liebe zu den Geschöpfen Gottes und zu dem Schaffer dieser Geschöpfe nichts zu tun hat. Und sie erkannten, dass es mit ihrem Gewissen nicht (mehr) vereinbar ist, Dienst für den Christengott zu tun.

Leider sind solche erkennenden Menschen rar gesät. Und die, die dennoch im Kirchenverbund bleiben und diese Heimstätte nicht verlassen, auch wenn ihnen das Herz zerbricht, weil ihr kirchliches Zuhause in sich das Übel beherbergt und pflegt, denen wünsche ich eine baldige göttliche Eingebung, dass sie den Weg finden, der sie zu der Türe bringt, die aus dem Haus führt, in dem die Liebe *nicht* existiert.

Arm ohne kirchliche Arbeitslosenversicherung

Die Vereinigung katholischer Priester und ihrer Frauen schätzt, dass ungefähr 20 Prozent aller lebenden Priester weltweit vom Dienst suspendiert sind, die meisten von ihnen aufgrund von Beziehungen zu Frauen. Man nimmt an, dass der prozentuale Anteil der suspendierten Priester in Deutschland ebenfalls um die 20 Prozent liegt. Vermutlich sind es mehr.

Ein Bruch mit dem Zölibat bringt viele Probleme mit sich, wenn sich priesterliche Väter nicht zu ihren Kindern bekennen. Wenn ihr zügelloses Verhalten auffliegt, verlieren sie ihren Beruf, und das mehr oder weniger von einem Tag auf den anderen. Priester verfügen in der Regel über eine geistig hohe Ausbildung, haben jedoch in ihrem Job keine Arbeitslosenversicherung, weil sie keine entsprechenden Beiträge einbezahlen. Ihre Rentenansprüche fallen minimal aus, wenn sie aus der Kirche austreten. Auch haben Kirchenmänner keine Erfahrungen in der Berufswelt der „einfachen Leute" – einer Arbeitswelt außerhalb der Kirche, der sie bis zum Verlassen demutsvoll, wie sie gerne behaupten, gedient haben.

Als Priester sitze man „in einem goldenen Käfig", berichtete ein zölibatsbrüchiger Priester der katholischen Fakultät. Er kann von den Schwierigkeiten aus eigener Erfahrung berichten, da er aus der liebevollen Männergemeinschaft – aus der Kirchen-WG – in hohem Bogen hinausgeworfen wurde. Seinen Priesterjob musste er zusammen mit seinen Verglorifizierungsgewändern an den Kirchennagel hängen. Vermutlich hat man ihm auch noch gesagt, dass er beim Hinausgehen die Türe bitte leise schließen soll.

Ein paar Tage später musste er schmerzhaft feststellen,

dass er keine Ahnung hatte, wie man ein Bewerbungsschreiben formuliert, wie ein Vorstellungsgespräch abläuft und wie man sich überhaupt in der freien Wirtschaft vermarktet und präsentiert. Gut, dass es da die Agentur für Arbeit gibt, ebenso wie hilfsbereite Mitarbeiter, die ihm … wenigstens mit Fürsorge bei der Arbeitssuche unter die Arme griffen. Hat er da zum ersten Mal gesehen, wie es ist, jemandem zu helfen und Gutes zu tun, statt nur Gutes zu predigen und die Hilfesuchenden dann doch im Stich zu lassen? Ich hoffe, dass es so war.

Das Leben als Priester ist darauf ausgerichtet, nie wieder etwas anderes zu tun, als Priester zu sein – und geschwollen daherzureden. Viele Priester vermeiden im Innersten ihres Herzens, aus der Kirche auszusteigen und den Schritt der Suspendierung zu gehen. Die Angst vor dem, was die Welt „draußen" ihnen bietet, hält sie in Amt und (Un-) Würden.

In welchen Berufen landen die meisten katholischen Priester, nachdem sie suspendiert wurden? Viele Jahre lang war es ein klassischer Weg für Ex-Priester, beim Arbeitsamt anzuheuern und Berufsberater zu werden. Fest im erneuten Beamtensattel sitzend, predigten sie dann den Arbeitsuchenden, dass es immer besser sei, gar nicht erst Priester zu werden. Dann schon eher Beamter, mindestens aber Angestellter des Öffentlichen Dienstes.

Und was vermittelt dann so ein auch mal mit Berechtigung gefrusteter Ex-Priester männlichen Jugendlichen, die einen Ausbildungsplatz suchen? Er schwatzt ihnen eine sechsjährige Priesterausbildung an die Backe, egal ob der Suchende auch nur andeutungsweise dazu befähigt ist. Und wenn jemand noch so unfähig ist, Priester zu werden, ist ihm das egal, weil er weiß, dass die Kirche an Priestermangel leidet und fast schon jeden (Heuchler) nimmt, den sie bekommen kann, um mit diesen die unbesetzten Pfarreien zu füllen. Ein neues „Schwarzes Schaf“ an seiner Stelle steht der Kirche gut. Und da kommt, aus seiner Sicht, jeder gerade recht für die Glaubensgemeinschaft der Frauenverneiner und Zölibatswächter und den sehr ausgeprägten Kinderliebhaber. Wenn sich aber unter den Aspiranten, den Überredeten und Vollgelaberten mal ein wahrer Stecher, ein Frauenheld befindet, dann umso besser, denn der kann die vertrockneten und verkrusteten Selbstbeschmutzer in den Wahnsinn treiben mit seinen spritzigen Hetero-Abenteuern. So erhält der Abtrünnige, der Bekehrte, der Geläuterte, der Erkennende, der Erleuchtete im Nachhinein noch seine Rachemöglichkeit gegenüber seinen einst so herzlichen Mitbrüdern. Und das immer aus dem Frust heraus, weil man selbst so unbedarft war und geglaubt hatte, dass man mit seiner Sozialkompetenz – etwas, was bei Priestern eher selten vorkommt – über den Priesterjob an die Menschen herankommt, um sie zu guten Christen zu machen. Und wie ist ein guter Christ? Er/sie ist den Meistern der rhetorischen Spitzfindigkeiten, den kirchlichen Marktschreiern, sehr ähnlich. Dann fehlt ja nur noch die Beherrschung der Sophisma-Kunst. Was unter anderem so viel bedeutet wie „listig Erfundenes“, „geschickter Trugschluss“. Das passt haargenau zu der Lügenkunst der Kirche. Ähnlich wie es sich mit einem Wurm in einem Apfel verhält.

Vielleicht ist es aber auch so, dass es eher unwahrscheinlich ist, dass ein ehemaliger Priester nach all seinen schmerzlichen Erfahrungen in seinem früheren Amt als Berufsberater einem Ratsuchenden zur Priesterausbildung rät. Ich hoffe, ich liege damit richtig, denn ich will keinen von denen, die einst Priester waren und die sich (wieder) für ein „weltliches Leben“ entschieden haben, schmerzhaft vor das Schienbein treten. Auch will ich nicht seine „Bekehrung“ anzweifeln, wenngleich es mir nicht leichtfällt zu glauben, dass das möglich ist. Ich bin jedoch bereit, diesen „Heimkehrern“ alles Gute auf ihrem neuen Weg zu wünschen. Möge dieser richtig beschritten werden.

Viele der Kirchendienstverweigerer und ehemaligen Gottesprediger versuchen als Religionslehrer oder als Personalentwickler in Unternehmensberatungen weiterzumachen. Sogar Taxifahrer, Straßenkehrer, Müllfahrer (Kirchenmüll?) Friedhofswächter, Kellner und viele andere sind dabei, wenn sonst nichts mehr geht. Erstaunlich viele werden auch Versicherungsvertreter. Was versichern sie nach erfolgreichem Abschluss? Kostenfreien Kirchenaustritt bei weiterer fetter Bezahlung seitens des einstigen Dienstherrn – bis zum letzten Atemzug? Vielleicht auch noch mit der Zusicherung, dass kein Priester am Sterbebett erscheint und die letzte Ölung spendet – mit einem Grinsen im Gesicht? Auch therapeutische Karrieren wie Heilpraktiker oder Psychotherapeut kommen in Frage. Ja, so können sich einstige Pfaffen gleich selbst von der Irrlehre des katholischen Glaubens heilen. „Oh Herr, vergib ihnen, und ihre Seele wird gesund.“

So trennt der Sextrieb der Pfaffen die Spreu vom heiligen Weizen. Erst sind sie top und hip, und plötzlich nur noch ein Flop – im richtigen Leben. Jetzt können sie es treiben auf Teufel komm raus – oder Teufel komm rein.

Nicht Gott ist es, der die Spreu vom Weizen trennt, sondern die irdischen Verkünder mit ihren fantasiereichen Worten, weil sich das bis dato perfekte Sa(a)tansgut, das es auch bleiben wird, in dessen Händen zu einer Missernte verändert. Und so hat wieder mal der göttliche Teufel, in Vertretung des Klerus hier auf Erden, seine Hand im Spiel. Er lässt in der Gesellschaft alle jene verrecken, die nicht gehorsam sind und waren. Und es schert ihn und die Diener einen Dreck, was einstige Freunde und Verbündete dann im wahren Leben an fast nicht zu überwindenden Schwierigkeiten begegnet. Sehr oft helfen die klerikalen Ex-Freunde tatkräftig dabei mit, ihnen das Leben so schwer wie nur möglich zu machen. Das heilige Credo daraus lautet: Wer nicht mit uns ist, der ist gegen uns und muss vernichtet werden. Doch ein reuiger „Freund“ wird mit offenen Armen wieder in den Schoß der kirchlichen Gemeinschaft aufgenommen – werden. Wer solche Freunde hat, der fürchtet sich vor keinem weiteren Feind. Niemand kann menschenfeindlicher sein als Freunde aus und in der Kirche. Hier beziehe ich alle christlichen Kirchen mit ein. Sie kann sich auch nicht reinwaschen und herausreden und von Ornat tragenden Sündern freisprechen lassen.

Das Vernichtungsarsenal ist bei den Kirchen, über die ich schreibe, fast schon grenzenlos, und die Henker, Folterer, Vernichter, Sadisten, Manipulatoren spielen mit den einst geliebten „Sündern“ ein grausames Spiel – ohne Grenzen.

Eigentlich sollte man – das gilt auch für mich – diese aus der Kirche Hinausgeschmissenen bemitleiden, doch fällt es mir schon sehr schwer, das hinzubekommen. Ich gebe aber zu, dass denjenigen, die erkannt haben, dass das Leben als Priester nur Heuchelei und falsches Spiel mit den Gläubigen ist, auch das Recht auf Vergebung zusteht, selbst wenn sie die Menschen wie Vieh behandelt haben. Doch haben sie es nicht verdient, dass man sie im Gegenzug wie Hunde tritt, wenn sie sich nach dem Kirchenrauswurf in der „Gosse“ wiederfinden. Der ein oder andere Ex-Priester wird auch in der Not kirchenfreie Helfer finden. Genau genommen findet sich für jeden Hilfesuchenden eine helfende Hand. Ob der Einzelne das zu schätzen weiß? Hoffentlich schon.

Die suchende Seele

Sündenfreie Kinder werden in naiver Hingabe von ihren noch naiveren Eltern, auch oft unter Zwang, der Kirche (Kinderheime, Internate) zum Reifen und Schulen überlassen. Jahre später erkennen heranreifende Kinder, dass es ihnen und ihrer Seele nicht guttut, einer kirchlichen Schulung unterzogen worden zu sein. Die Kinder hatten sich erhofft, unter der kirchlichen Obhut Liebe und Zuwendung zu erlangen, die sie mittels grandioser Schauspielerei auch tatsächlich erhalten haben. Dieses Kirchenschauspiel wurde ihnen so perfekt dargeboten, dass die Kinder alles für bare Münze nahmen. Erst später erkannten sie, dass man ihnen nur Schönes vorgegaukelt hat. Das, was man den Kindern „schenkte", ist und war, wenn es um das rein Kirchliche ging, keinen Cent wert, und das ist es, was die Seele des Kindes auch bis ins hohe Alter schmerzen und bitterlich weinen lässt. Irgendwann erkennen diese belogenen Menschen, was als Nächstes zu tun ist. Tief enttäuscht verlassen sie die Schule der kirchlichen Versprechen und der dazugehörigen Irrlehren. Das ist der einzige Ausweg für sie, um schließlich den wahren Weg gehen zu können. Den Weg der Menschlichkeit, voller Empathie für andere. Einen Weg, den die Kirche nicht kennt. Doch was bedeutet es für die Abtrünnigen, wenn sie den Glaubenslehren einer Kirche entsagen, die Frieden, Menschlichkeit und Liebe predigt und lehrt, doch unfähig ist, das alles in die Realität umzusetzen? Einer Kirche, die nur an sich denkt, deren Diener sich beweihräuchern und sich selbst der Nächste und Wichtigste sind? Nun, für die Erkennenden bedeutet es, dass sie dann keine Geliebten Gottes mehr sind. Des Gottes der katholischen Kirche.

Alle, die den Weg des Priesters gewählt haben, haben in voller Überzeugung gesagt: „Ich will den Menschen, die Menschlichkeit verspüren wollen, meine Menschlichkeit schenken. Besonders den Kindern, denn viele von ihnen erfahren diese nicht in ihrem Elternhaus." Hier war die Seele des Gebenden noch gesund und die Einstellung, Gutes zu tun, noch in Ordnung.

Was für eine noble Einstellung! Die Realität jedoch sieht oft ganz anders, ganz schrecklich aus. Besonders für Kinder, die in kirchliche Verwahrung verfrachtet wurden und dort unter der Obhut der „Gutmenschen" als Sklaven und Prügelknaben gehalten wurden, aber auch für sexuelle Gelüste der Betreuer herhalten mussten – wahrscheinlich noch immer herhalten müssen. Mit der Menschlichkeit gegenüber den in Obhut Gegebenen ist es nicht weit her. Das Versprechen von Liebe hat sich in dem Augenblick aufgelöst, als sich hinter den Schutzbefohlenen die Türen der Unterbringungseinrichtung für eine sehr lange Zeit geschlossen haben und die Menschlichkeit schenkenden Betreuer der Kirche freie Hand hatten, mit ihren „Opfern" zu machen, was sie wollten. Die Liebe der „Lehrer" offenbarte sich auf andere Art, als die Kinder und Jugendlichen sich das erhofft hatten. Stattdessen erhielten sie massenhaft Hiebe und eine Liebesbezeugung, die ihnen aufgedrängt wurde, die sie aber nicht haben wollten.

Die Betreuer, die die Kinder und Jugendlichen auf ihre perverse Art liebten, sie schändeten, gelangten im Moment des Übergriffs kurz in den Zustand des vollkommenen Glücks (Elysium). Um aber dieses Glücksgefühl wieder und wieder kosten zu können, begingen sie diesen grausamen Akt auch weiterhin an den wehrlosen Kindern und Jugendlichen.

Und was ist die Folge der immer wiederkehrenden Übergriffe? Unweigerlich gelangen die Geschändeten in den Zustand des ewigen Leidens, denn auch ihre Seele wurde verletzt. Für die Vergewaltigten beginnt ein Leben, in dem sich der Missbrauch immer wieder in ihren Köpfen abspielt. Es ist, als wenn sie einen grausamen Film sehen (müssten), der sich auf einer Filmrolle befindet, die sich immer weiterdreht und nie zu einem Ende kommt. Ihre Nächte sind gefüllt mit Albträumen, die sie nicht zur Ruhe kommen lassen. Das erhoffte Vergessen stellt sich nicht ein. Sie befinden sich in einem Teufelskreis, erzeugt durch ein kirchliches System, das Menschlichkeit verspricht, oft jedoch nur Schmerzen bringt. Die wenigen guten Ausnahmen, die es unter den Betreuern gibt, kann man fast schon an zwei Händen abzählen. Was ist nun mit der Menschlichkeit, der sich viele werdende Priester so großspurig verschrieben haben und es noch immer tun? Nichts! Zumindest nicht viel.

Wenn jemand den Dienst und den Kirchenweg der Nächstenliebe geht und lebt, ist das an sich schon bewundernswert. Die unbedarften Neulinge erhalten jedoch von ihren Ausbildern recht bald nach ihrem Eintritt in die Akademie der göttlichen Geisteskünste ein sehr ausgefeiltes Gedankengut (Gehirnwäsche) eingeimpft. Es soll den Lehrlingen der Kirche aufzeigen, wie man Macht bekommt, sie anwendet und damit Kirchenunfreundliche, wenn es aus kirchlicher Sicht sein muss, vernichtet. Spätestens da ist es mit der Menschlichkeit vorbei. Der Wunsch, Gutes zu tun und zu geben, wird geistig zu Grabe getragen. Die Macht über andere hat dann absoluten Vorrang. Am besten beginnt man da mit Schutzbefohlenen. Tja, so fängt alles klein an. Und wie man weiß, macht Macht süchtig –

nach immer mehr. Und wenn dabei Kinder und Jugendliche zu Schaden kommen – was soll's.

So lernen die Liebesverkünder, die heiligen Schwätzer, dass man innerhalb des Kirchenregimes nur weiterkommt, wenn man ein Stuten- oder ein Hengstverhalten zeigt. Beißen und Treten, bis dass der Konkurrent am Boden liegt. Mit den Jahren geht einem das Machtempfinden in Fleisch und Blut über und überschwemmt damit die eigene Seele. Und was macht die Seele derer, die sich einst für das Gute verschworen haben? Sie weint bitterliche Tränen.

Der Mann Gottes kennt bald nach seiner Ausbildung weder Mitleid noch Fürsorge oder Verzeihen. Er kennt nur sich und den Weg, der ihn an die Spitze des Klerus bringt. Die Zeit der Ausbildung und die vielen Jahre im Dienst Gottes lässt sie im Herzen kalt werden. Immer verbunden mit der Macht über andere, die sich durch ihre Ausbildung ergibt. So leben sie in einem Höhenrausch der Macht und haben vergessen, welche Berufung sie zu dem Amt eines Priesters rief, der doch den Menschen Gutes angedeihen lassen soll. Und was macht die Seele des Verdorbenen? Sie sucht nach Lösungen, das Grauen aus dem Besitzer zu verbannen und so sich selbst, die Seele, zu retten. Sie versucht, ihren Besitzer, der den Weg der Menschlichkeit verlassen hat, wieder auf den rechten Weg zu bringen. Den Weg, der für den Menschen und dessen Gutes vorhergesehen war.

Sind es Begebenheiten mit anderen Menschen, die sie wieder zu dem helfenden Menschen werden lassen, ehe sie sich dem Priesterberuf hingeben und deshalb den falschen Pfad wählen? Gibt es Personen, die ihnen zeigen, was es bedeutet, Mensch mit Herz und Seele zu sein? Die ihnen ein Leben aufzeigen, in dem die Seele wieder lacht, wie zu den Zeiten, als sie noch ein Baby, ein Kind, ein Mensch fast ohne Sünde waren und sie das Leben zusammen mit der Liebe lebten? Ja, solche Menschen gibt es!

Ein Mensch, der seine Liebe dem Kirchendiener gibt, der dessen dunkle Seele mit dem hellen Licht der Liebe durchdringt, der ist es, der ihm den richtigen Weg aufzeigt und die dunkle und vernarbte Seele wieder heilt. Zu dieser Heilung muss der Mensch, dem dieses Geschenk gemacht wird, aber bereit sein. Er muss sich dafür öffnen, denn nur dann kann die Heilung auch gelingen. Und der Mensch ist damit (wieder) kirchenfrei.

Der Wunsch nach Frieden und Liebe bleibt für immer im Menschen bestehen. Sie geht nicht verloren, doch vergräbt man sie oft selbst. Und wenn man sie wieder sucht, wird man sie nicht ohne Hilfe finden und auch nicht hervorholen können. Wenn die Liebe für immer verloren gegangen ist, dann ist auch der Mensch verloren. Und wie sieht es bei der Kirche aus? Bei der ist jeder Mensch willkommen. Für die Kirche spielt es keine Rolle, ob der Mensch gut oder böse ist. Wichtig ist für sie nur, dass er/sie Mörderkohle aufs Kirchenkonto bringt.

Jeder Ex-Priester, der ohne Kirche lebt, sollte meinen Respekt erhalten. Sicher liest man jetzt eine Einschränkung heraus, und ja, so ist es auch gemeint. Ich kenne ehemalige Priester, die zwar den Schritt gewagt haben, aus der Kirche auszutreten, es aber nicht schafften, der Macht, die sie als Priester innehatten, hinterherzuhecheln. Sie gebärden sich, als wären sie auch weiterhin mit Macht gesegnet. Wenn man es wagt, sie zu kritisieren, führen sie sich auf, als würde man sie angreifen und beleidigen. Viele der Ex-Priester lassen sich das nicht bieten, denn schließlich hat der einfache Bürger noch immer anzuerkennen, dass sie mal auf ihn herabgeschaut und ihm seine Sünden vergeben haben. Sie glauben immer noch, sie seien auch weiterhin unfehlbar, wie zu Zeiten, als sie noch Könige des katholischen Glaubens und der gläubig gemachten Untertanen waren. Bald jeder Dorfpfarrer kommt sich wie ein Fürst vor, vor dem man das Knie zu beugen hat. Mit diesem noch vorhandenen Machtgehabe ecken sie gewaltig an, so auch bei mir. Und wer in der Kirchengesellschaft nichts mehr zu sagen hat, sollte eigentlich Demut zeigen und sich nicht wie ein römischer Kaiser aufspielen. Was sind sie denn noch, wenn sie kein Priesterlein mehr sind? In den Augen ihrer ehemaligen Priesterfreunde sind sie nichts, gar nichts! Sie sind bedeutungslos! Die ehemals Dienstbaren der Kirche wollen nicht wahrhaben, dass sie nichts mehr zu melden haben, doch viele von ihnen versuchen auf Umwegen zu zeigen, dass sie noch immer mächtige Männer sind. Sie sind in ihrem Verhalten fast wie seelenlose Zombies. Die Heilung ihrer kranken Seele findet noch nicht statt. Und diese Männer sind es, für die ich kein Mitleid empfinde, wenn sie auf der Strecke bleiben. Solange sie nicht erkennen, dass ihr altes Leben vorbei ist und sie ein neues Leben führen müssen, das mit Macht und Geld nichts mehr zu tun hat, gibt es für sie von mir kein Mitleid. Und damit basta!

Ich möchte nicht über allen, die aus der Kirche entlassen wurden oder selbst den Abschied von der Kirche bzw. dem Priesterdienst genommen haben, das Schwert schwingen und auf sie eindreschen, doch muss es erlaubt sein, ihnen (mit diesem Buch) sagen zu dürfen, dass sie nun einfache Männer in der Gesellschaft sind. Sie können froh sein, wenn man sie nicht geringer schätzt als einen heruntertropfenden Poppel.

Doch, so auch mein Wunsch, mögen die Menschen (Familie/Freunde), die ihnen nahestehen, ihnen stets mit helfendem Rat und wahrer Liebe begegnen. Die Liebe des Partners und der Familie ist die beste Hilfe, die es geben kann. Hört auf die, die euch wirklich lieben, und lasst euch von ihnen führen und leiten.

Ich wiederhole mich gerne, wenn ich sage, dass die Seele eines jeden Menschen nur mit der echten Liebe (wieder) geheilt wird. Die Seele sucht immer einen Weg, um gesund zu sein, damit sie den Besitzer stets zum Guten leiten kann. Die Seele der in die Obhut gegebenen Kinder und Jugendlichen, aber auch die derer, die Priester werden wollen, wird bei falscher Schulung zerstört. Die Seele der Menschen sucht nicht nach Macht und Geld, sie sucht nach der wahren Liebe, die, so meine Ansicht, mit der Kirche (oft) nichts zu tun hat.

Heiratsberechtigung

Und jetzt noch ein Berechtigungshinweis, der deutlich macht, dass man auch als katholischer Priester heiraten sollte: Petrus, der erste Papst, hatte laut Bibel eine Schwiegermutter. A do schau her, der gute erste Hirte hatte eine „Oide“ (Ehefrau)! Und der erste (impotente?) Papst hat die Weibsbilder abgeschafft, wohl mit der Behauptung, sie mache die Priester unrein. Oder war es der erste antike latent schwule Papst, der gerne einen Adonis geehelicht hätte, was jedoch im Klerus nicht gern gesehen worden wäre? Hinter dicken Mauern, da schon. Wer weiß, wer weiß!? Nichts ist und war unmöglich, auch damals zu den christlichen Anfängen.

Kommen wir jetzt zu einem unschönen Paradebeispiel von der Macht der Kirche, die alles unter den Teppich kehrt, was ihr nicht gefällt.

Aufklärer werden unter Druck gesetzt

Ein Seelsorger einer Gemeinde, erfuhr Konkretes über Missbrauchstäter. Ihm wurde erzählt, dass ein anderer Pater einen fünfjährigen Jungen und ein weiterer Geistlicher ein minderjähriges Mädchen missbraucht haben sollen. Unverzüglich informierte er seine Vorgesetzten, sowie den missbrauchsbeauftragten Bischof. Eine Aufklärung des Sachverhalts fand aber nicht statt. Der Pater wurde durch seinen Chef von seinem Amt entpflichtet. Ich sage, er wurde hinausgeschmissen.

Endlich gab es mal einen Mann der Kirche, der zwei seiner Mitbrüder, weil sie Kinder schändeten, bei seinem obersten Kirchenchef meldete. Und was bekam er zum Dank? Einen Rausschmiss aus der Kirche und damit eine Amtsentbindung seiner priesterlichen Pflichten. Hier zeigt sich, dass das Böse in der Kirche bleibt und das Gute mundtot gemacht wird.

Bis es zu dem Rauswurf kam wurde er immer mehr unter Druck gesetzt, besonders von gottestreuen Katholiken. Er erhielt Briefe von Unbekannt, in denen ihm Gewalt angedroht wurde. Einige Monate später, nach vielen Anfeindungen gab der Pfarrer auf und verließ den Ort, an dem er tätig gewesen war. Alle seine Bitten um Unterstützung im Missbrauchsfall prallten bei seinen Vorgesetzten ab. Zudem erhielt er ein schriftliches Verbot von seiner Kirchenleitung und durfte sich zu den Missbrauchsfällen in seiner Gemeinde nicht mehr äußern. Ja, so liebevoll gehen die Mächtigen mit dem Fußvolk und ihren dienstbaren Geistern um. Liebe spielt da keine Rolle – die gibt es bei ihnen nicht. Liebe ist für sie ein Fremdwort.

Ein anderer Priester berichtet, dass ihm sein Personalchef

und der Missbrauchsbeauftragte am Telefon mitgeteilt habe, dass beschlossen wurde, die Missbrauchsgeschichten in seiner Gemeinde aus der Diözese rauszuhalten, und er sich still verhalten und nichts weiter unternehmen solle. Das Bistum reagierte eiskalt auf den Verdacht einer Violation und der Priester stellte sich die Frage, wie man sich gegenüber den Opfern derart verhalten konnte. Die Aufklärer und die Opfer wurden massiv eingeschüchtert, während die Vertreter der Kirche den Missbrauchsverdacht weiter kleinredeten und ihn als bloßes Gerücht bezeichneten.

Viel mehr gäbe es über diese und andere wahre Gruselgeschichten zu berichten, doch da verweise ich auf das Internet. Was man dort alles an göttlicher Teufelei findet, ist an Unmenschlichkeit nicht zu toppen.

Und die Könige der Kirchen, in Zusammenarbeit mit ihren Vasallen und Zuträgern, den bigotten Irregeleiteten, vernichten diejenigen, die wahre Aufklärung betreiben wollen, wenn es um den Schutz von Kindern geht, die sonst ohne Schutz sind. Der teuflische Gott – denn nur das kann er sein – hilft den Kirchenmächtigen, ihr Werk des Grauens ausleben zu dürfen.

Warum schämen sie sich nicht für ihr gewissenloses Verhalten? Ganz einfach, weil sie kein Gewissen haben, um sich für ihre menschenunwürdigen Taten zu schämen. Das Kind ist für viele Notgeile nur da, um sich an ihm zu befriedigen, und der klerikale Vorgesetzte verurteilt nicht, was sein Mitarbeiter an Schuld auf sich geladen und welch unsagbares Leid er über das Kind gebracht hat.

Es ist auch bekannt, dass derjenige von den Aufklärern, der nicht spurt, von den Verherrlichern des Glaubens zur Vernichtung freigegeben wird. Schlimm ist nur, dass das, was die Kirche vernichtet – ob eigenes Unkraut oder das ihr nicht gehörende Leben –, dann nie wieder erblüht. Sie zerstört alles mit Stumpf und Stiel, bis hinunter zu den Wurzeln – den Wurzeln der Menschlichkeit.

Verrückte und Angesoffene gehen in die Kirche

von Isabella Khom

Eine verkürzte Wiedergabe

Kotzen, Sex und Tod. All das erlebt man als Orgelspieler in einer Kirche. Und Menschen, die nackt zur Kommunion gehen.

Ich habe mich mit einem Orgelspieler getroffen, der in einer größeren Kirche in Wien seinen Dienst versieht und den wir ganz unironisch Christian nennen. Er spielt bei Messen – richtig – Orgel. Der Name ist erstunken und erlogen. Wir wollen ja nicht, dass er ans Kreuz genagelt wird oder an einer Reliquie erster Klasse lecken muss. Von Christian habe ich mir erzählen lassen, wie es eigentlich so ist, Organist zu sein und was einem da so passiert. Eines kann ich euch spoilern: Ich habe fucking viel gelacht und mit einigem Scheiß nicht gerechnet. Der folgende Text ist eine Nacherzählung aus seiner persönlichen Perspektive.

„Diese Geschichte hängt meistens mit Verrückten oder Angesoffenen zusammen. So auch meine. In der Kirche hast du diesbezüglich das Paradies – es gehen nur Verrückte oder Angesoffene in die Kirche. Kein Mensch, der geradeaus schauen, denken und atmen gleichzeitig kann, geht freiwillig in eine Kirche – außer er arbeitet dort. Wie ihr euch vielleicht schon denken könnt, haben diese Geschichten hauptsächlich mit Körperflüssigkeiten zu tun. Ach, du hattest ein anderes Bild von der Kirche? Falschgelegen. Schau dir mal die Altersstruktur einer Kirche genauer an. Das Erste, was man sich durch den Kopf gehen lassen muss, wenn man Kirchenzusammenhänge erörtern

will, ist einerseits die Altersstruktur der Leute, die hingehen. Und zweitens, dass wir wirklich seit ewigen Zeiten keinen derben Weltkrieg mehr hatten. Die meisten haben den letzten nicht miterlebt und diejenigen, die ihn miterlebt haben, sind uralt und gehen wahrscheinlich in die Kirche. Das erwähne ich deshalb, weil Religion prinzipiell etwas ist, das Leuten Hoffnung gibt, die ihnen über schwierige Situationen hinweghilft.

Es kommt nun – als Resultat des hohen Alters – immer wieder vor, dass Leute krepieren. Drei Mal konnte ich das schon bezeugen – drei Mal, während ich gespielt habe. Und nein, ich deute das nicht als Zeichen. Als diese Leute gestorben sind, habe ich von oben nicht viel mitbekommen. Die kippen da auf der Kirchenbank um und sind tot. Meistens sind das alte Leute. Die Anwesenden nehmen sowas immer relativ locker. Besser es passiert in der Kirche als sonst wo. Schließlich kann man von Kirchenbesuchern annehmen, dass sie das Ganze ernst nehmen, von dem der Herr Pfarrer erzählt. Deshalb können die Leute damit auch ganz gut umgehen, wenn es jemanden in der Kirche erwischt.

In der Stadt ist der Gottesdienst sonst aber vergleichsweise langweilig. Das ändert sich schlagartig, sobald man aufs Land fährt. Gerade bei Hochzeiten fahren alle auf der Felge und es ist bereits mehrfach vorgekommen, dass es zu wüsten Schlägereien in der Kirche gekommen ist. Je weiter man aufs Land rausfährt, desto häufiger tritt das auf. Was auch wieder damit zusammenhängt, dass eigentlich nur Trottel in die Kirche gehen. Und da kommt es eben vor, dass es drei, vier größere Familien im Dorf gibt – ich will das Wort ‚Bauer' nicht überstrapazieren, aber sagen wir so: Dynastiemäßig wurde schon viel Zeit, ja viele Jahrhunderte mit dem Ackerbau und der Viehzucht verbracht. Und es kommt relativ häufig vor, dass sich da Leute zu prügeln anfangen, weil der Sohn von dem einen Bauern mit der Braut des anderen Bauern irgendwann einmal zusammen war und der es nun überhaupt nicht packt, dass sie den Sohn des dritten Bauern heiratet. So kommt es dann dazu, dass sich seine ganze Partie eine Nacht vor der Hochzeit komplett zuschüttet, dann die Kirche stürmt und sie anfangen, die anderen zu verprügeln, weil sie der Meinung sind, dass die Situation und die Leute scheiße sind. Das kommt häufig vor.

Jede Art alkoholrelevanter Sachen kommt häufig vor. Dass sich Leute in der Kirche ausziehen zum Beispiel. Dauernd. Wer so etwas macht? Es gibt ein paar Kandidaten, die kenne ich aber nur aus Wien. Da gibt es einen im sechsten Bezirk in einer Kirche, der zum Beispiel regelmäßig im Bademantel kommt. Um Vorurteile zu vernichten: Er sieht nicht obdachlos aus. Jedes Mal, wenn Kommunionsspende ist, wirft er seinen Morgenmantel weg und geht nackt zur Kommunion. Da wurde auch schon die Polizei gerufen. Man kennt den Nackten. Er macht das hin und wieder und tut keinem was. Dann gibt es noch Leute, die sich permanent anspeiben, weil sie völlig angesoffen sind. Das kommt andauernd vor. Vor allem ist das auch bei Hochzeiten ein Ding. Auf dem Land ist es ja relativ üblich, dass sie am Abend davor poltern gehen und nicht einen Monat vorher. Da kübeln sich sowohl Braut als auch Bräutigam einen Abend vorher komplett nieder und gerade im Sommer kommt es da – wegen der temperaturbedingten Kreislaufprobleme und dem großen Unterschied von heißt und kalt – zu ärgeren Speibereien. Da waren schon ganze Kirchenbänke verseucht. Lustiger weise ist das für niemanden ein Grund, die Hochzeit abzubrechen. Nach über 16 Jahren Berufserfahrung habe ich es noch nie erlebt, dass eine Messe abgebrochen wurde. Wie bereits erzählt, sind da immerhin auch Leute draufgegangen. Vielleicht wurde sie mal kurz unterbrochen, aber dass einmal jemand sagt: ‚Nein, das machen wir jetzt nicht zu Ende', ist noch nie vorgekommen. Das hängt wahrscheinlich auch mit dem Wesen einer Messe zusammen: Am Schluss sollte ja alles besser sein als vorher. Wieso soll man das, woran man glaubt, was alles besser macht, mittendrin abbrechen, nur weil etwas Schlechtes passiert? Ich kann das natürlich nicht nachvollziehen – wie eben die meisten Leute, die bis zehn zählen können. Da kann man auch mit drei angekotzten Kirchenbänken und einem Nackten bei der Kommunion oder zwei Leichen in der letzten Reihe noch weitermachen. Quasi. Das gehört ja auch zur Show.

Sonst passieren auch jede Menge anderer dummer Sachen. Zum Beispiel, dass Leute mitten in der Messe aufstehen und herumschreien. Dieser Ort zieht von der Definition her Leute mit psychischen Problemen an. Aber die römisch-katholische Kirche ist nichts anderes als eine Sekte, nur größer. Deshalb hat sie so etwas wie eine Daseinsberechtigung; man darf nie vergessen, dass die Kirche nichts anderes als eine Sekte mit großen Strukturen ist. Solche Sachen ziehen eben Freaks an.

Ich selbst habe das noch nicht miterlebt, weil es mir zu blöd ist, aber von Kollegen habe ich gehört, dass Leute bei Roratemessen, die meistens um sechs Uhr morgens gehalten und von Mitarbeitern gerne als Frühschicht beschrie-

ben werden, Erscheinungen und irgendwelche Epiphanien haben. Was klar ist, weil: Schlafmangel, schlechte Luft, Weihrauch und grelles Licht, das von der aufgehenden Sonne durch die Kirchenfenster scheint. Das kann ein beeindruckendes Schauspiel sein. Und da wird kolportiert, dass Leute dann getanzt haben und, völlig vom Heiligen Geist oder irgendwas anderem beseelt, den Ablauf der Messe gestört haben.

Was die Pfarrer angeht, gibt es eine Grundregel: Wenn er aus einem Mönchs- oder anderem Orden kommt, der gemeinschaftlich organisiert ist, dann ist er meistens cooler als Freelancer (Freier Mitarbeiter), die nur an der Theologischen Hochschule studiert haben und dann eine Stelle bekommen. Das kann damit zusammenhängen, dass du in einer Bubengemeinschaft doch ein bisschen sozialer bist oder Sozialkompetenzen entwickeln musst, als wenn du Einzelgänger bist, der Mitte 30 draufkommt, dass er eigentlich ein Verkünder des Wortes Gottes ist. Es ist aber schwer zu erklären, warum sich gerade in der katholischen Kirche pädophile Übergriffe so häufen. Die meisten führen das auf den Zölibat zurück. Viele Priester, die ich kenne, sind allerdings in einer Beziehung mit ihrer Pfarrhaushälterin oder einem Gemeindemitglied beiderlei Geschlechts.

Es gibt auch coole Pfarrer – was mich bei dem Berufsbild auch sehr wundert. Die jüngeren sind aber nicht notwendigerweise besser als die älteren. Das ist dann doch zu unterschiedlich, als dass man es über einen Kamm scheren könnte. Die größten Freaks sind hingegen meistens von der Diakonie. Das sind geweihte Laienmitarbeiter, die sind zwar geweiht, dürfen gewisse Sachen machen, gewisse nicht, sind aber keine Pfarrer. Die sind wirklich schlimm und auch die Radikaleren. Die sagen dann auch allen anderen, wie sie zu leben haben, und auch die, die auch dabei erwischt werden, wie sie die kleinen Ministranten irgendwo ... schustern. Ich war auch selbst zwei Jahre Ministrant, dann bin ich direkt an die Orgel gewechselt (und mir ist das zum Glück nie passiert).

Stichwort Sex in der Kirche. Auch das war damals kein Big Deal – irgendjemand musste es ja tun. Wir hatten beide die Notwendigkeit wahrgenommen, dass es zu tun ist. Es war erschreckend casual. Wir haben uns da alle mehr erwartet. Mit ‚alle' meine ich ‚beide' – da gab es andere Festln, zu denen ich aber nicht eingeladen war.

Leider gibt es sonst keine nennenswerten Fickgeschichten, weil Organisten jetzt nicht unbedingt zu Sexsymbolen zählen. Hornisten hingegen sind wegen ihrer hohen Lippenspannung sehr, sehr begehrt. Das wissen irgendwie alle. Die gehen nie alleine heim. Typisch für Organisten sind übrigens Rückenprobleme. Und wir sind alle Super-Nerds, bekommen keine Farbe und sind kälteresistent. Und wir sind mindestens so gut untereinander vernetzt wie Bläser. Organisten sind vielleicht einen Tick freakiger und einen Tick respektloser als der Rest."

Unglaublich – aber wahr

„Der Himmel kann kein Paradies sein, denn sonst hätten die Engel im Himmel keinen Krieg geführt." Wer das zum Besten gegeben hat, ist mir unbekannt, doch ich stimme diesem aussagekräftigen Spruch vollends zu.

Was sagt Gott, wenn er sich über die Menschen ärgert, die immer nur was von ihm wollen? „Mensch, ärgere mich nicht." Und was sagt der Mensch, wenn er sich über Gott ärgert? „Mein Gott, ärgere mich nicht, und lass mich in Ruhe."

Wer ist im Tierreich einer der verruchtesten Verräter, ein Spitzel für Gott? Der Hahn, der Petrus drei Mal mit seinem Kikeriki verraten hat, als dieser leugnete, dass er Jesus kenne. Gott hätte locker vom himmlischen Hocker aus verhindern können, dass man seinen Sohn verleugnen würde. Doch als man Petrus fragte, ob er Jesus kenne, leugnete er seinen Herrn und Meister. Drei Mal wurde er gefragt und bei jeder Lüge hat dann ein Hahn laut gekräht, denn Gott hat einen Schreihals mit bunten Federn aus den Hut gezaubert und diesen beauftragt, er solle krähen, wenn Petrus vehement abstreite, Jesus zu kennen und mit ihm und weiteren „Aposteln" predigend und gegen das herrschende Establishment mit Worten, die von Gott sind, aufbegehrt habe. Gott wollte nicht, dass sein Sohn aufgrund der Lügen eines ängstlichen Mannes dem Martyrium, das er für ihn vorgesehen hatte, entgehen würde. Ja, Gott liebt seinen Sohn bis zum letzten Blutstropfen, den er schließlich aus ihm herausprügeln ließ. Und zur Krönung seiner unendlichen göttlichen Liebe gegenüber seinem Sohn gab es dann auch noch die Kreuzigung, die sein liebliches Werk vollendete.

Und wie oft lässt Gott die Menschen noch verrecken? Tausende und Abertausende Male. Zigmillionenfach? Bis er selbst keinen Spaß mehr daran hat? Er lässt Mensch und Tier verrecken, auch wenn sie ihn noch so sehr bitten und betteln, sie zu verschonen. Und warum tut er das? Um sie zu retten – irgendwann? Aus Lust und Laune heraus, und weil er mit seiner Schöpfung etwas Spaß haben will – auf dem Schlachtfeld, genannt Erde? Oder weil ihm nicht immer gefällt, was er, ja ER, durch seine eigene göttliche Gnade unter Mithilfe des Heiligen Geistes geschaffen hat? Und warum verschont er die, die anderen Menschen Schaden zufügen? Sind das seine willigen Diener, Vollstrecker, Vernichter hier auf Erden, weil er seine Hände nicht selbst beschmutzen will? Was denkt er sich eigentlich dabei, wenn Menschen, wo und durch was auch immer, elendig verrecken, obwohl sie das Leben doch in seinem Namen mit Freude leben wollen? Gar nichts! Ihm ist völlig egal, was hier auf seiner Erde mit den Menschen, den Tieren und den Pflanzen geschieht. Mit einem Gedanken wischt er alles weg, wie man mit einem feuchten Lappen über den Arsch fährt, um den ungeliebten Shit zu beseitigen. Und wenn er schon nicht den Mittelfinger zeigt, um damit klarzumachen, was er von seiner Schöpfung hält, so steckt er diesen dann wohl in seinen Pöter, um endlich für uns verständlich zu machen, was er von uns, seiner Schöpfung, hält. Oder etwa nicht!?

Gott ist einer Verherrlichung *nicht* würdig. Wer ein Phantom anbetet, das angeblich nur Gutes tut und gibt, jedoch durch seine Menschenschöpfung oft mehr vernichtet, wie es schon im Alten Testament zu lesen ist, der kann nicht an das wirklich Gute glauben. Und was das wahre Gute ist, das ist hier auf Erden niemandem bekannt. Schon gar nicht, von wo es kommt – sollte es tatsächlich dieses omnipräsente Gute geben.

Und wenn es nicht mit Worten möglich ist, jemanden zu überzeugen, dass Gott der einzig Gute ist, dann überzeugt man ihn/sie mit Gegenständen, die überzeugend schmerzhaft sind. Zum Beispiel mit dem Bischofsstab oder einem schweren Kerzenhalter vom Altar oder dem güldenen Kreuz mit dem abgemagerten Jesus Christus darauf, bei dem es den Verkündern der Liebesworte Christi egal ist, dass er darauf (genagelt) ist, weil sie sich sagen: „Hauptsache, es führt zum kirchlichen Erfolg: der Überzeugung, dass Gott das einzig Gute ist. Der Himmel gehört Gott und seinen Sprösslingen. Und die Erde gehört uns, den klerikalen Popanzen.“

Gottesvergiftung

Ich lasse den folgenden Text (längeres Zitat) aus Tilmann Mosers „Gottesvergiftung" für sich sprechen.

Lieber Gott ... Du bist in mich eingezogen wie eine schwer heilbare Krankheit, als mein Körper und meine Seele klein waren [...] Indem ich dir zeige, wie du als Krankheit in mich eingezogen bist, und als Krankheit fast über mich hinweggewachsen warst, hoffe ich, mich ein Stück weit von dir heilen zu können. Ich weiß, dass du in den Narben, falls ich dich aus mir vertreiben kann, bis zu meinem Tode hausen wirst. Sie werden mich beißen, und du wirst mich noch mit Phantomschmerzen quälen, wenn du längst wegamputiert bist. Ein Teil meines Hasses auf meine Familie rührt daher, dass sie mir die Gotteskrankheit eingegeben hat. Du wurdest mir eingeträufelt, kaum dass die ersten Zeichen der Empfänglichkeit, der Verwundbarkeit sichtbar wurden. Das Anwachsen der Krankheit wurde, alter Familientradition gemäß, mit Freude betrachtet. Sie haben das Wuchern der Tumore in meiner Seele nach dem Kalender des Kirchenjahres verfolgt und gefeiert. Die Feste waren die Höhepunkte des Krankheitsverlaufs. „Herr erhebe dein Antlitz über uns ...", so haben wir am Ende jedes Gottesdienstes gefleht, als gäbe es keine größere Sehnsucht, als immerzu dein ewig-kontrollierendes Big-Brother-Gesicht über uns an der Decke zu sehen. Du als Krankheit in mir bist eine Normenkrankheit, eine Krankheit der unerfüllbaren Normen, die Krankheit des Angewiesenseins auf deine Gnade, die von beamteten Herabflehern zusätzlich zu meinem Geflehe bei dir erbettelt werden musste. Du hast mir so gründlich die Gewissheit geraubt, mich jemals in Ordnung fühlen zu dürfen, mich mit dir aussöhnen, mich o.k. finden zu können […] Ich weiß von Patienten, Freunden und Bekannten, dass du für Millionen noch immer die schlimmste Kinderkrankheit bist, die man sich denken kann, in vielen Fällen unheilbar, ansteckend vor allem für Kinder und Kindeskinder. Du gedeihst in den Hohlräumen sozialer Ohnmacht und Unwissenheit. Du blühst aus der Lebensangst meiner Vorfahren, aus allem Unverstandenen, das sie heimgesucht hat, vor allem aber aus ihrer Ungeborgenheit, aus ihren seelischen Entbehrungen, gegen die sie dich wie eine riesige Plombe in einen faulenden Zahn gesetzt haben. Dich überstanden zu haben, gibt mir das Selbstbewusstsein, von der riesigen Krücke nicht erschlagen worden zu sein […] (Aus: Tilmannn Moser, „Gottesvergiftung“, Suhrkamp 1976)

Meine Worte hierzu sind nur: Genial, faszinierend, treffsicher!

Worte eines Gepeinigten

Der folgende Text wurde mir von einem Freund aus gemeinsamer Kinder- und Jugendzeit überlassen, der auch heute noch mit seiner katholischen Erziehung zu kämpfen hat.

Verwundete Seele

Mein Herz ist verwundet und schmerzt. Ich möchte keine Schmerzen mehr ertragen müssen. Ich muss sie aus mir reißen. Ich muss ihnen entfliehen. Ich habe Angst, mit dem tobenden Schmerz ewig leben zu müssen.

Es ist spät in der Nacht und ich höre Musik, die meine Gedanken in Schwingungen versetzt und mich in eine traurige Welt zwingt. Diese Welt ist nun meine Heimat und ich fühle mich in ihr geborgen, getröstet, verstanden und geliebt, aber der Schmerz tobt in meiner Seele weiter und fügt meinem Herzen weitere tiefe Wunden und unsagbare Schmerzen aus der Vergangenheit zu.

Ich betrachte die Flammen der Kerzen, die ruhig in den Glasschalen rot leuchten, und sehe sogleich das Leuchten in meiner Seele, in der es heiß brennt. Es ist das Lebenslicht in meinem Körper und es lebt ... noch in mir, weil es mein Leben mit Freude füllen will, was ihr aber nicht mehr gelingt. Meine Freude wurde mir genommen, meine Erinnerungen bleiben ... und mit ihnen der verlangende Wunsch, alles wieder erleben zu dürfen, was ich liebte, ... doch nichts der Freude erlebe ich, denn der Schmerz aus meiner Kindheit beherrscht mein Denken. Die Erinnerungen an das, was mir Freude bereitet hat, wurde mir durch das, was man mir durch Schmerz zufügte, genommen.

Ich will hassen, wer mir das angetan hat, was ich erleide.

Ich will Vergeltung, sind meine Gedanken. Ich habe den sehnlichsten Wunsch zu sehen und mit Genuss zu erleben, wie all die, die mir Schmerz bereiten, nun auch mit Schmerzen zu leben haben. Ich will mich an ihrem Schmerz ergötzen. Ihr Schmerz soll mein Lebensantrieb sein.

Meine Gedanken des Hasses sind reißend wie ein Strom und schmerzhaft wie Dornen, die tief in meinen Körper gestoßen wurden. Ich kann diese Hassgedanken nicht stoppen. Sie sind wie das fließende Blut in einer offenen und schmerzenden Wunde. Sie fließen dahin und können nicht gestoppt werden. So kreisen meine Gedanken weiter nur darum, wie ich es erreichen kann, dass mein Wunsch nach Vergeltung in Erfüllung geht. Ich merke, wie gut mir dieses Rachedenken tut. Es ist ein Vorgeschmack dessen, was mich frei von meinen Qualen und meinem Hass macht. Diese Gedanken sind berauschend schön und ich giere mit all meinen Sinnen nach Vergeltung. Ich werde durch das Hören der leisen Musik und das Betrachten der Kerzenflammen, die sich wie blitzende Dolche zeigen, in meinen Rausch der Vorfreude auf Vergeltung immer tiefer in meinem Wunsch der Rache getrieben. Ich spüre, wie sich die Euphorie des Bösen in mir Platz schafft und sich in mir mit aller Macht ausbreitet. Ich schrecke nicht vor diesen bösen Gedanken zurück. Ich bestärke mich dessen immer mehr, was ich schon seit langem weiß und ich mich nun endlich für immer von den menschlichen Abartigkeiten befreien muss.

Ich höre die Klänge des pochenden und stechenden Schmerzes. Diese Klänge sind wunderschön. Es ist die kalte Melodie des Hasses und der Rache, nach der ich mich so sehr sehne. Sie nimmt mir aber die Last des Rachedenkens weg. Ich fühle mich befreit und leicht. Die Last des Hasses ist jetzt leichter zu tragen. Ich will den bösartigen Müll der anderen nicht mehr tragen müssen. Ich gebe zurück, was ich nicht haben will. Ich will sehen, wie die Verursacher von Leid selbst leiden müssen. Sie sollen das spüren, was sie anderen Menschen in ihrer Unmenschlichkeit aufbürden, nur um sich am Leid der anderen zu erfreuen und die Geilheit der Macht befriedigt zu wissen.

Ich spüre, wie wohltuend die immer eisiger werdenden Gedanken des Hasses und der Vergeltung sind. Ich höre das teuflische Lachen. Es ist wie ein helles, mich verbrennendes Licht in der Ferne. Dieses Licht ist wie ein Schwerthieb, der das Gute vom Bösen trennt. Nun sind meine Gedanken des Bösen zu etwas Erstrebenswertem geworden, die nur noch in die Tat umgesetzt werden müssen. Sie geben mir eine Befriedigung für mein Seelenheil. Ich will frei von Schmerz in meinen Gedanken sein. Ich will frei sein von allem, was mich krank gemacht hat. Ich gebe mir selbst meine Medizin durch meine Gedanken des Hasses und der Rache. Es tut mir gut, so zu denken. Was erst bringt mir dann das Erleben meines Wunsches? Ich will Rache ohne Reue.

Ich muss endlich frei sein. Frei von den Menschen, die mir ... auch heute noch Schmerz bereiten.

Ich will den Schmerz meiner Peiniger lieben – dürfen.

Schlusswort

Und nun ist es geschehen: Mein neues Werk ist vollbracht, und Sie, liebe Leserinnen und liebe Leser, haben einen kleinen Einblick in „Gottes ungeliebte Geschöpfe“ erhalten.

Es war ein langer und mühseliger Weg, den ich gegangen bin, gepaart mit einer langen Zeit, die ich am Computer saß, um zu recherchieren und schließlich alles zu „Papier“ zu bringen.

Ich wünsche mir, dass es unterhaltsam und informativ war und Ihren Gefallen gefunden hat. Ich werde auch weiterhin auf der Suche sein, um Ihnen erneut einen Einblick in die katholische Schattenwelt zu ermöglichen und meine ganz speziellen Kommentare dazu abgeben. Ach ja, das mache ich besonders gerne – wie Sie sicher beim Lesen dieses Buches bemerkt haben. Woran das wohl liegt?

Herzlichst
Alec Woods

Danksagung

Ganz herzlich bedanke ich mich bei Frau Isabella Khom und Herrn Tilmann Moser für die Genehmigung ihrer Artikel, die ich für mein Buch verwenden darf.

Recht herzlich bedanke ich mich auch bei „Der Theologe“ (Online-Zeitschrift) für die Genehmigungen von Texten/Kapiteln, die ich für dieses Buch verwenden darf. Siehe dazu den Linkhinweis bei „Foltermethoden“.